『ぼくらの時代の本』
電子版をプレゼント！

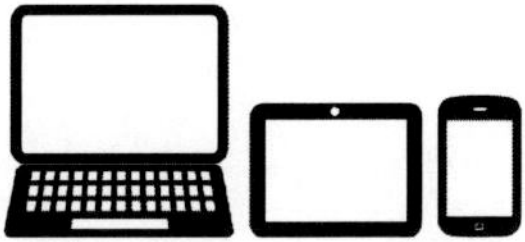

『ぼくらの時代の本』印刷版をお買い上げ頂いた方に、もれなくボイジャーのBinB storeから電子版をプレゼントいたします。以下のURLまたはQRコードからお申し込みください。

http://bit.ly/bokura_present

プレゼントキーワード：G9569

VOYAGER

〒150-0001　東京都渋谷区神宮前5-41-14
TEL：03-5467-7070　FAX：03-5467-7080
URL：http://www.voyager.co.jp/　EMAIL：support@binb-store.com

2014.12.04

本は心と体を様々に映し出す鏡だ

――ロバート・ブリングハースト

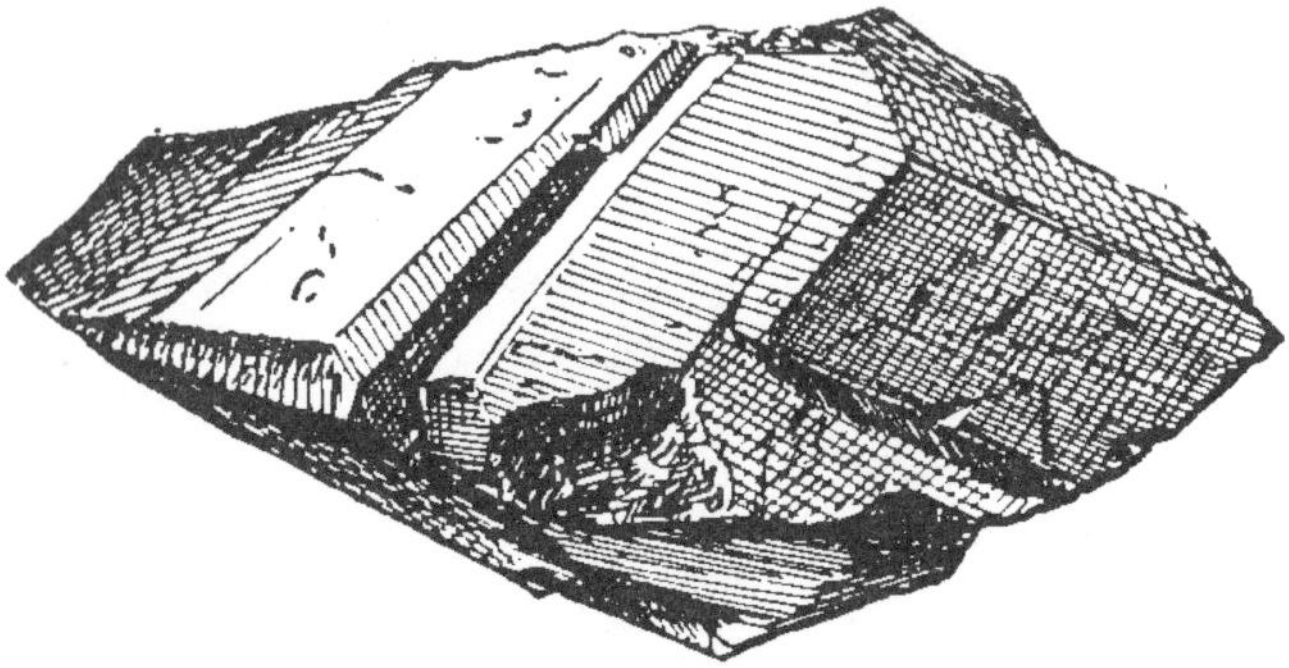

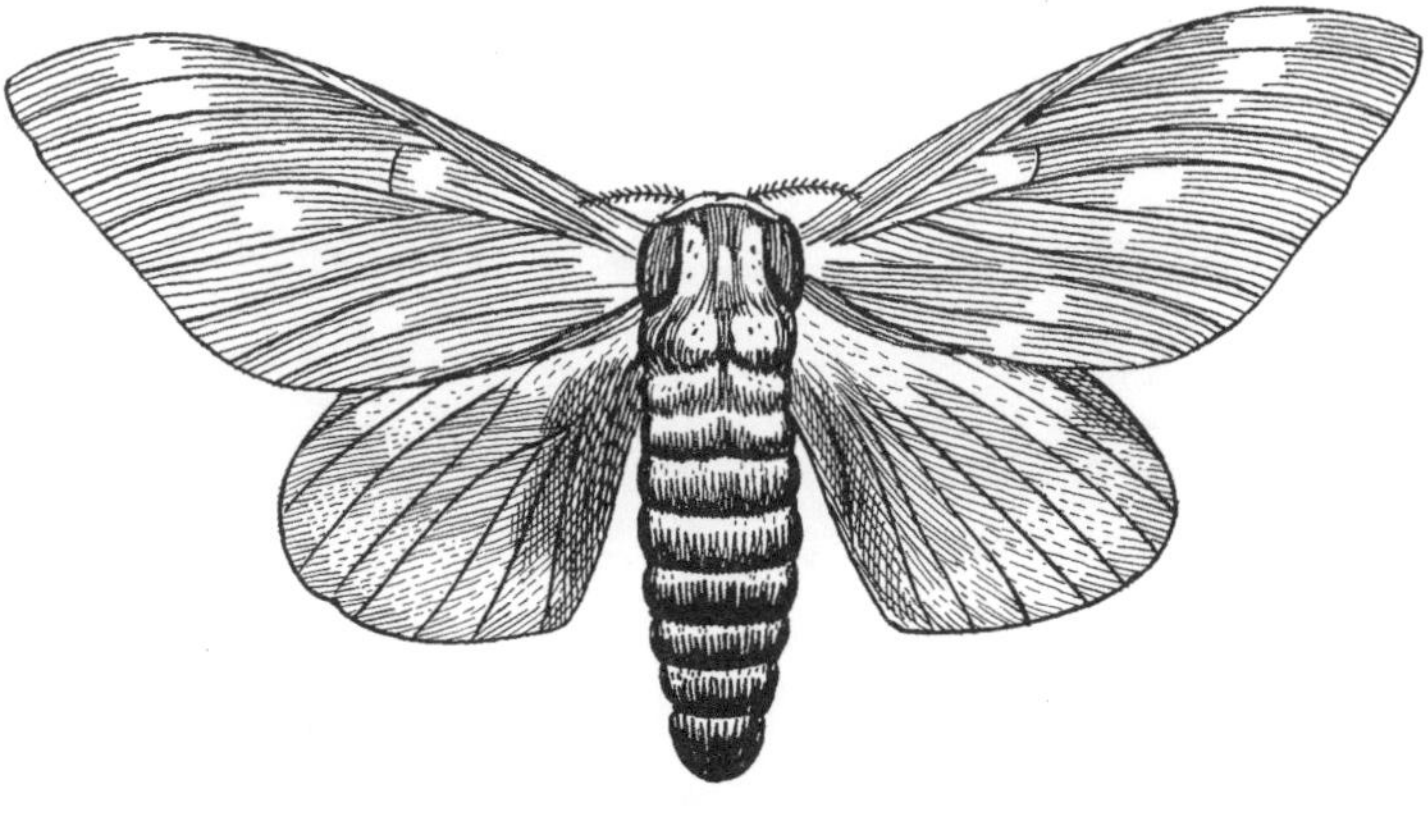

ぼくらの

時代の本

まえがき

ぼくらの時代の本とは何だろう？

ぼくらの時代の本とは形のある本だ。しっかりとした紙にインクで印刷され、頑丈な製本にはしおりが挟み込まれていて、タイポグラフィにも神経が行き届いている。数々の荒波を乗り越えてぼくらの本棚に陣取り、認識され、手に取られ、注目されるのを待っている。

ぼくらの時代の本とは形のない本だ。デジタル上に漂い、ぼくらの iPhone や iPad、Kindle やその他リーダーの中に存在している。それらは画面の大小や、解像度の高低に関係なく、スクリーンを埋め尽くしている。何の警告もなく消えてしまうものもあれば、コンピュータネットワークの中で繰り返しコピーされるものもある。

ぼくらの時代の本とはその両方を行き来する本だ。物質からデジタルへ、切り替え可能《フリップ・フロップ》。ぼくらの時代の本は講談社やランダムハウスから、何百万の読者へと届けられる。ぼくらの時代の本は——あなたやぼくのような——個人から何百万の読者へと届けられる。

ぼくらの時代の本はきちんと編集され、磨きがかけられ、仕上がった原稿として出版される。ぼくらの時代の本はほとんど編集されず、断片のまま出版され、読者によって磨きがかけられる。

あなたが手にしているこの本は、ぼくらの時代の本についての本だ。本がデジタルへと移行する際の技術的ハードルについての本だ。人々の力を借りて資金調達することでしか成り立たないような出版のあり方についての本だ。タブレットやスマートフォンでの読書の増加によって、変わりつつある表紙の存在意義についての本であり、変わりつつある本との関係についての本だ。

　この本は、この4年間における本のあり方、読書のあり方、出版のあり方の進化を見てきたぼくのエッセイを集めた本だ。この本は、ある種の本が死に、別の種類の本が生まれることを告げる本ではない。紙の本は終わり、電子本が否応なく隆盛することを告げる本でもない。この4年間でぼくらが何かを学んだとすればそれは、ぼくらの時代の本とは紙の本と電子本のどちらのことも指し、著者と出版社と読者の関係を進化させるには、そのどちらにも重要な役割があるということだ。

　ここに書かれたエッセイは観察の記録である。シリコンバレーやニューヨークの出版スタートアップでの経験の記録。自分で出版した経験の記録。そしてぼくが何度も何度も——人生を通じて——取り組み、熱中し、恋に落ちて来た一冊一冊の本への愛情の記録だ。

　どうか、ぼくらの時代の本について、一緒に考えてみてください。

二〇一四年一〇月

クレイグ・モド

ぼくらの時代の本　目次

ぼくらの時代の本

クレイグ・モド

翻訳　樋口武志・大原ケイ

VOYAGER

第一章

「iPad時代の本」を考える

本作りの二つのゆくえ

紙の本が死につつある。
代わりに電子の本が飛躍。
そして誰もが混乱している。

悲しむ必要はあるのだろうか？

出版業界の足元がゆらぎ、同時にAmazonのKindleの売り上げ台数が急伸する中、旧来の「本」への思い入れを捨てきれない人々はこうした事態を嘆くばかりだ。だが本当に涙を流す必要があるのだろうか。

今消え失せようとしているのは
――読み捨てられるようなペーパーバック
――空港の売店で売られているようなペーパーバック
――ビーチで時間つぶしに読むようなペーパーバックだ。

失われつつあるのは、ゴミとして捨てられる運命にあるような本ばかりなのだ。見映えも保存性も、耐久性さえも考慮されずに印刷されている本。一度だけ消費され、その後は捨てられるだけの本。引越作業の際は真っ先にゴミ箱行きになるような本。

まず姿を消すのは、そうした本だ。

今、はっきりと言おう。「悲しむ必要はない」と。

重荷となっているこれらの本が消えてくれれば、ますます時代遅れになりつつある本の流通の無駄もなくなる。物理的な本が消えれば、死に絶えた樹木（＝紙）を世界中に空輸する必要もなくなる。

そして、より重要な好影響があることも容易に想像できる。出版への参入障壁が下がることにより、より尖った、冒険的な内容の本がデジタル形式で現れることになる。新しいストーリーテリングの出現。環境への負荷の軽減。編集者の重要性の見直し。そして皮肉にも、実際に紙に印刷されて出版される本の質が高まるはずなのだ。

ぼくは２００３年から２００９年までの６年間、美しい紙の本作りに取り組んできた。６年もの間だ。紙を使った本だけに取り組んだ。21世紀にだ。

その仕事が大好きだった。プロセスがたまらなかった。出来上がりの形がすばらしかった。あの小さなインクと紙の塊の感触がすごくセクシーに思えた。そして今また、言える。コンテンツの作り手として、デザイナーとして、そして発行者として、iPadとその新しい可能性にとても興奮しているのだ。この興奮を素直に認めつつも、冷静にこの可能性について考えたい。

　iPadの登場で、ぼくらはデジタル形式でリッチなコンテンツを消費するためのプラットフォームをついに手にした。だが、これはどんな意味を持つのか。iPadがなぜそれほどエキサイティングなのかを理解するには、まずこれまでの軌跡について考える必要がある。

　ここで、新しい電子の本に対する紙の本の立ち位置や、これまで長い文章がスクリーン上で読まれてこなかった理由、さらにiPadがこの混沌の中にどのように入り込もうとしているのかについて考えたい。そうすることで、コンテンツ出版に際しての紙とデジタルとの使い分けを明確にできるとぼくは考えている。

　これは本の作り手、ウェブマスター、コンテンツの作り手、著者、デザイナーに向けた会話だ。美しく作られたものを愛する人たちに向けたものでもある。さらに、リスクを恐れず、自らの紡ぐ作品にとって最適な形式とメディアを模索するストーリーテラーに向けたものでもある。

図　形を問わないコンテンツ（どんな容れ物でも意味は変わらない）

コンテンツの核心

あまりに長い間、印刷・出版という行為が過大評価されてきたと言える。しかし、モノの存在価値は、その中身であって、モノ自体ではない。そしてモノが本の場合には、その存在価値は当然そこに含まれる内容＝コンテンツと結びついている。

ここでコンテンツを大まかに二つに分類してみよう。

定まった形態のないコンテンツ
（“Formless Content”＝「形を問わないコンテンツ」）
明確な形態を伴うコンテンツ
（“Definite Content”＝「明確な形を伴うコンテンツ」）

「形を問わないコンテンツ」は、様々な形態に繰り返し移し替えることができ、それでも内在する価値を失わない。「レイアウトに左右されないコンテンツ」という捉え方もできる。大半の小説やノンフィクション作品はこちらに分類される。

たとえば、作家の村上春樹がパソコンの画面に向かって執筆する際に、その文章がどんな形で印刷されるか、ということは考えていないだろう。彼はストーリ

ーを、どんな器にも注ぎ込むことが可能な「テキストの滝」と捉えているはずだ(主人公がどんな料理を作っているか、どんなクラシック音楽を聴いているか、どんな不思議な女の子と出会うのか……実際にはそんなことばかりを考えているはずだが、きっとその料理、音楽、女性がどのようにページに印刷されるのか、本になったときの最終形については考えていないはず)。

それに対して、後者の「明確な形を伴うコンテンツ」は、ほぼすべての点で「形を問わないコンテンツ」の対極にある。画像、チャート、グラフなどを含むテキストのほとんど、あるいは詩などもこちらに分類される。このタイプのコンテンツは、後になって違う器に流し込むことも可能だが、その流し込み方によっては、内在する意味やテキストの質が変わってしまう恐れもある。

マーク・Z・ダニエレブスキー(Mark Z. Danielewski)は間違いなく自分の次回作の最終的なフォーマットについて考えているはずだ。彼の作品の内容は明確な形態と分かちがたく結びついているので、元々の意味をすべて失わずに作品をデジタル化することは実際には不可能だ。『Only Revolutions』は、多くの読者から嫌われている書物だが、その理由は、この作品が2人の登場人物の物語を交互に読むことを強要されるからだ。二つの物語が表紙と裏表紙それぞれから始ま

図　明確な形を伴うコンテンツ
(容れ物の種類によって意味が変わる)

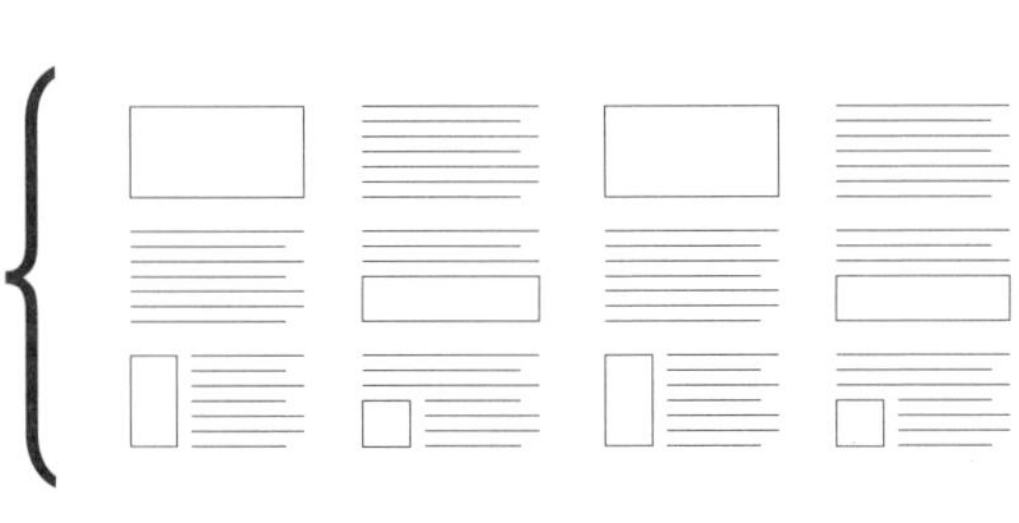

る形なのである。

もちろん、本のデザイナーが著者の意思を汲み取りながらコンテンツをレイアウトする際に、そのレイアウトを通じて、形を問わないコンテンツにさらなる意味を加えるかもしれない。そうして出来上がった書物は、デザインとテキストが組み合わさった「明確な形を伴うコンテンツ」となる。

現代の作品の中で、「明確な形を伴うコンテンツ」の最先端の例として、エドワード・タフテ（Edward Tufte）の著作を見るといい。好き嫌いはあるだろうが、彼が著者ならびにデザイナーの才能を兼ね備えた希有な存在であること、さらに彼が最終的な形と意味、そしてレイアウトの完璧さに徹底的なこだわりを示していることは認めざるを得ないだろう。

具体的な形を持つ書物という文脈において、明確な形を伴うコンテンツと形を問わないコンテンツを分ける大きな違いは、コンテンツとページの間に相互作用があるかないかである。形を問わないコンテンツは、ページやその境界線にこだわらない。それに対して、明確な形を伴うコンテンツの場合は、ページを意識するだけでなく、盛り込まれた内容とページ上のレイアウトが不可分に結びついている。こちらの場合、コンテンツは特定のページの中に収まるように編集され、

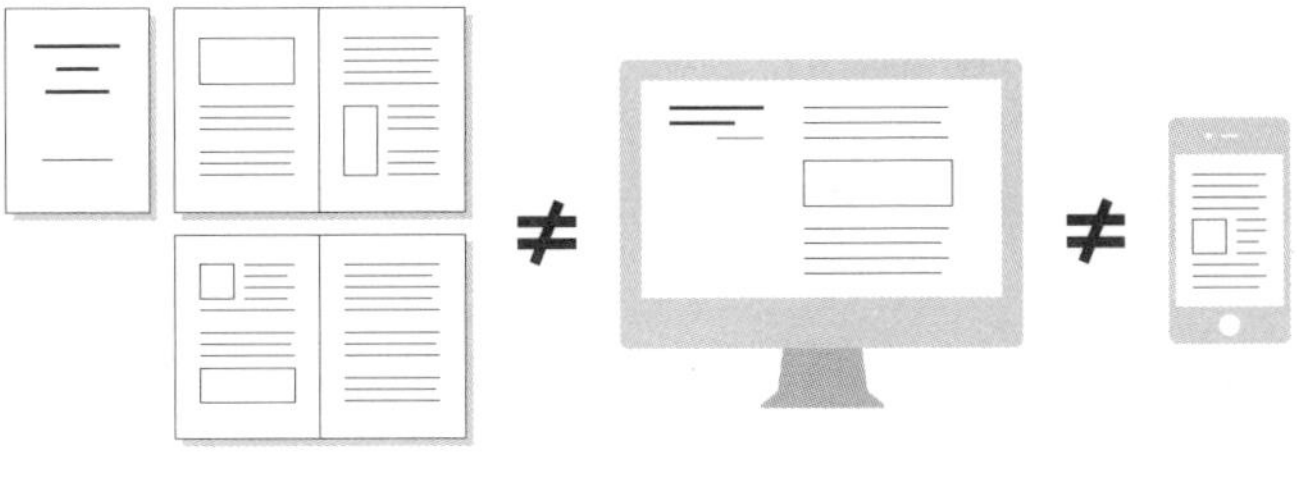

改行が施され、そのサイズを決められる。ある意味で、明確な形を伴うコンテンツにとってのページはキャンバスであり、コンテンツはそうした特徴をうまく利用して、そのモノ自体とコンテンツの両方を、より完成度の高い一体のものへと引き上げる、と見ることもできる。

つまり、簡単に言えば、形を問わないコンテンツは容れ物の形を意識しない。明確な形を伴うコンテンツは、容れ物をキャンバスとして快く受け入れる。形を問わないコンテンツは、通常はテキストのみ。明確な形を伴うコンテンツには、テキストに視覚的要素が加えられる。

ぼくたちが消費するものの多くは、形を問わないコンテンツに分類される。印刷物の大半を占める小説やノンフィクションは形を問わない。

ここ数年の間に、形を問わないコンテンツを表示することに秀でた複数の電子デバイスが登場してきた。AmazonのKindleがその代表だ。高解像度のディスプレイが搭載されているiPhoneのようなデバイスでも、従来より快適に、長い文章を読むことができる。つまり、現在は簡単に、形を問わないコンテンツをデジタル形式で消費することができるのだ。

ただし、これらのデバイスで文章を読むのは、紙の本を読むのと同じくらい快

写真左上　タフテ『Visual Explanations』——内容と形態が一体化

写真左下　ヨスト・ホフリ、ロビン・キンロス『Designing Books』——物理的なモノとしての意識

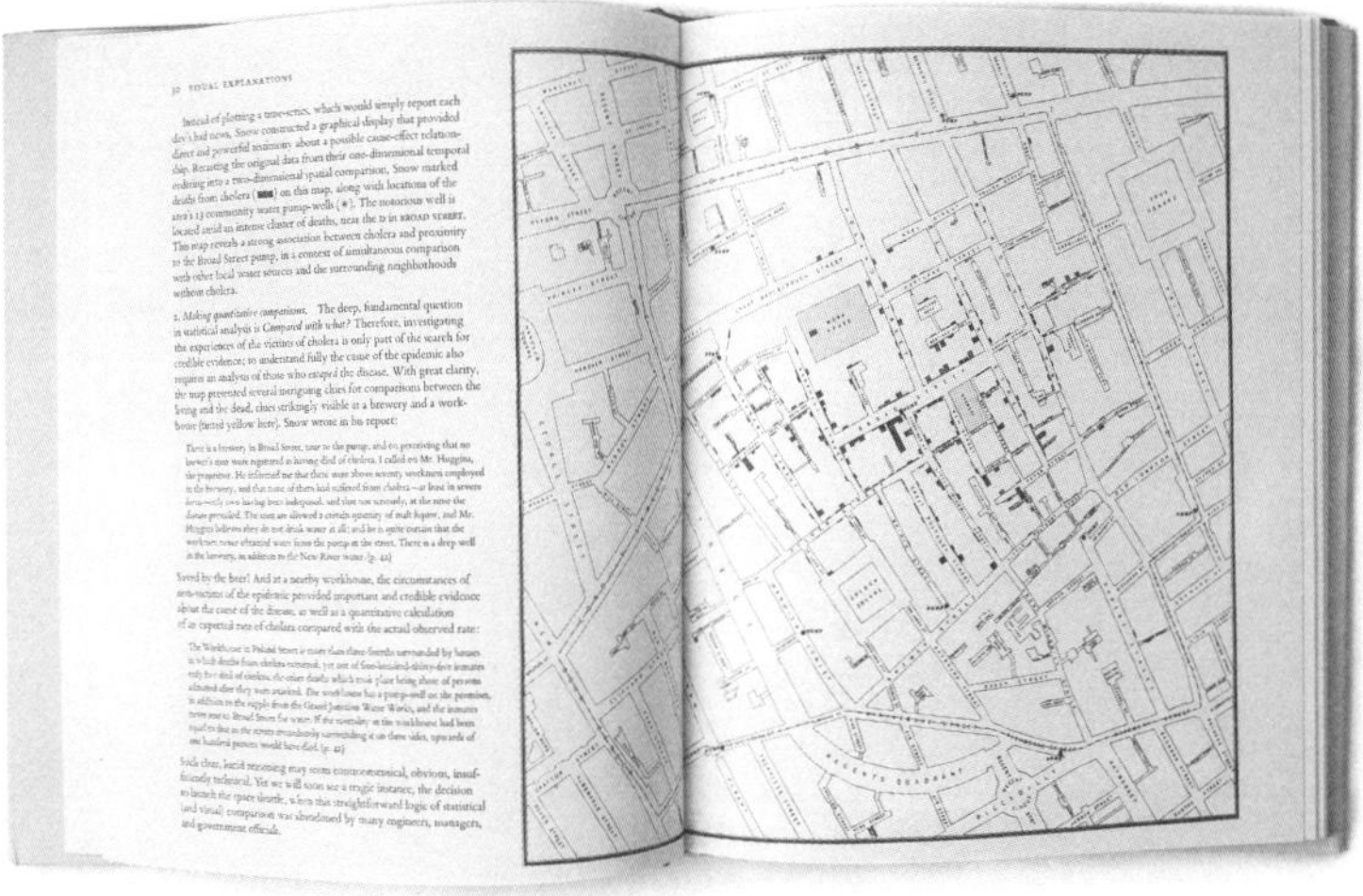
30 VISUAL EXPLANATIONS
Instead of plotting a time-series, which would simply report each day's bad news, Snow constructed a graphical display that provided direct and powerful testimony about a possible cause-effect relationship. Recasting the original data from their one-dimensional temporal ordering into a two-dimensional spatial comparison, Snow marked deaths from cholera (▬) on this map, along with locations of the area's 13 community water pump-wells (✱). The notorious well is located amid an intense cluster of deaths, near the D in BROAD STREET. This map reveals a strong association between cholera and proximity to the Broad Street pump, in a context of simultaneous comparison with other local water sources and the surrounding neighborhoods without cholera.
2. Making quantitative comparisons. The deep, fundamental question in statistical analysis is Compared with what? Therefore, investigating the experiences of the victims of cholera is only part of the search for credible evidence; to understand fully the cause of the epidemic also requires an analysis of those who escaped the disease. With great clarity, the map presented several intriguing clues for comparisons between the living and the dead, clues strikingly visible at a brewery and a workhouse (tinted yellow here). Snow wrote in his report:
Saved by the beer! And at a nearby workhouse, the circumstances of non-victims of the epidemic provided important and credible evidence about the cause of the disease, as well as a quantitative calculation of an expected rate of cholera compared with the actual observed rate:
Such clear, lucid reasoning may seem commonsensical, obvious, insufficiently technical. Yet we will soon see a tragic instance, the decision to launch the space shuttle, when this straightforward logic of statistical (and visual) comparison was abandoned by many engineers, managers, and government officials.

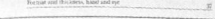

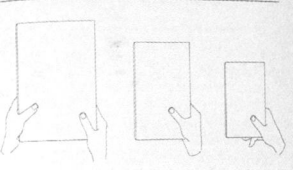

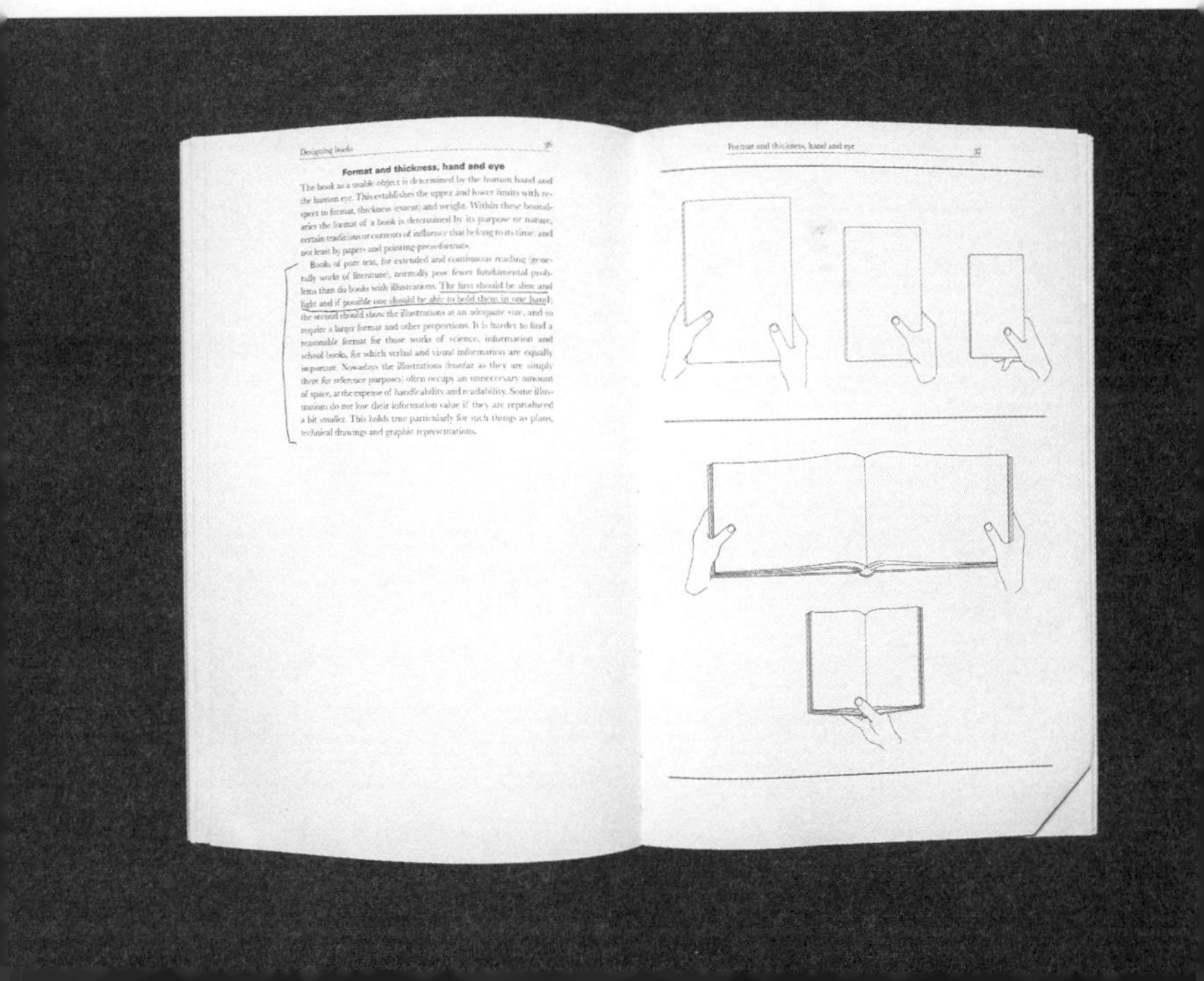
Designing books 36
Format and thickness, hand and eye
The book as a usable object is determined by the human hand and the human eye. This establishes the upper and lower limits with respect to format, thickness (extent) and weight. Within these boundaries the format of a book is determined by its purpose or nature, certain traditions or currents of influence that belong to its time, and not least by paper- and printing-press-formats.
Books of pure text, for extended and continuous reading (generally works of literature), normally pose fewer fundamental problems than do books with illustrations. The first should be slim and light and if possible one should be able to hold them in one hand; the second should show the illustrations at an adequate size, and so require a larger format and other proportions. It is harder to find a reasonable format for those works of science, information and school books, for which verbal and visual information are equally important. Nowadays the illustrations (insofar as they are simply there for reference purposes) often occupy an unnecessary amount of space, at the expense of handleability and readability. Some illustrations do not lose their information value if they are reproduced a bit smaller. This holds true particularly for such things as plans, technical drawings and graphic representations.
Format and thickness, hand and eye 37

適だと言えるだろうか。

おそらく言えない。だが近づきつつある。

印刷された「本」が失われていくのを嘆く人たちは、多くの場合この「快適さ」の消失を嘆いている。「目が疲れる」と彼らは言う。「バッテリーがすぐ切れる」「日光の下だと読みにくい」「お風呂に持ち込めない」などなど。

ここで重要なのは、この文句のいずれも文章の「意味」の消失に対するものではないこと。デジタルに変換されたからといって、本の内容が難しくなったり分かりづらくなったりはしない。文句のほとんどが「質」に対するものなのだ。質に関する議論の必然的な結論としては、テクノロジーがディスプレイやバッテリーの性能を向上させることでそのギャップを埋めており、またメモやブックマーク、検索といった付加機能により、電子デバイスでの読書の快適さが紙の本でのそれを必ず上回るということだ。

デジタル化されたテキストの利便性——読みたいときにすぐ読める、ファイルサイズおよび物理的なサイズの両方においての軽量性、検索が可能、といった諸点は紙の書物の利便性をすでにはるかに上回っている。

写真左『Overland Through Asia』1871年——使い捨てされない書物

ここまでなら、話は簡単だ。形を問わないコンテンツを印刷するのをやめて、明確な形を伴うコンテンツだけを紙に印刷する。
だがiPadの登場でそれが変わる。

iPadの登場

ぼくらは紙の書物が大好きだ。それもそのはず、そもそも読む際には胸の近くで抱きしめるように持つからだ。パソコンの画面と違い、KindleやiPhone（そしてたぶんiPad）での読書もまた同じような姿勢をとる。テキストとの距離は近いし、文字を追うのも快適だ。そして、実際にテキストに触れるという一見些細な事実が、この読書体験をさらに親密なものにしている。

KindleとiPhoneはいずれもすばらしいデバイスだ。ただしテキスト主体の本にしか向いていない。

iPadは読書体験そのものを変える。iPhoneやKindleでのテキストの優れた読みやすさを、さらに大きなキャンバスに拡げてくれる。iPhoneやKindleの親密さや快適さに、よく練られたレイアウトを実現できるだけの大きさと多くの

機能を兼ね備えたキャンバスがもたらされる。
これは何を意味しているのか。いちばんはっきりしているのは、明確な形を伴うコンテンツをデジタル形式でそっくりそのまま再現できるという点だろう。しかし、やみくもにこの方針を取り入れるべきではないとぼくは思う。紙に印刷された明確な形を伴うコンテンツは、そのキャンバスのためだけに、特定のページサイズを想定して構成されている。iPadはこれらの本と物理的に似ているかもしれないが、その上に紙の本のレイアウトをそっくりそのまま再現することは、iPadがもたらす新しいキャンバスやインタラクティビティを生かしきっていない可能性がある。

たとえば、ページのような最も基本的な要素について考えてみよう。「ページをめくる」ことのiPhoneでの再現は、すでに退屈で、そうすることを強制されているように感じられる。iPadでは、なおさらそう感じるだろう。コンテンツのフロー（流れ）はもはや「ページ」という単位に分けられる必要はない。新しい本のレイアウトとして、横方向に進むと章を移動でき、縦方向に進むと各章を読むことができる、というのはどうだろうか。

紙の本では、2ページの見開きがキャンバスだった。iPadでも同じように捉

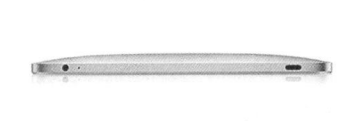

תורת יהוה תמימה

עדות יהוה נאמנה

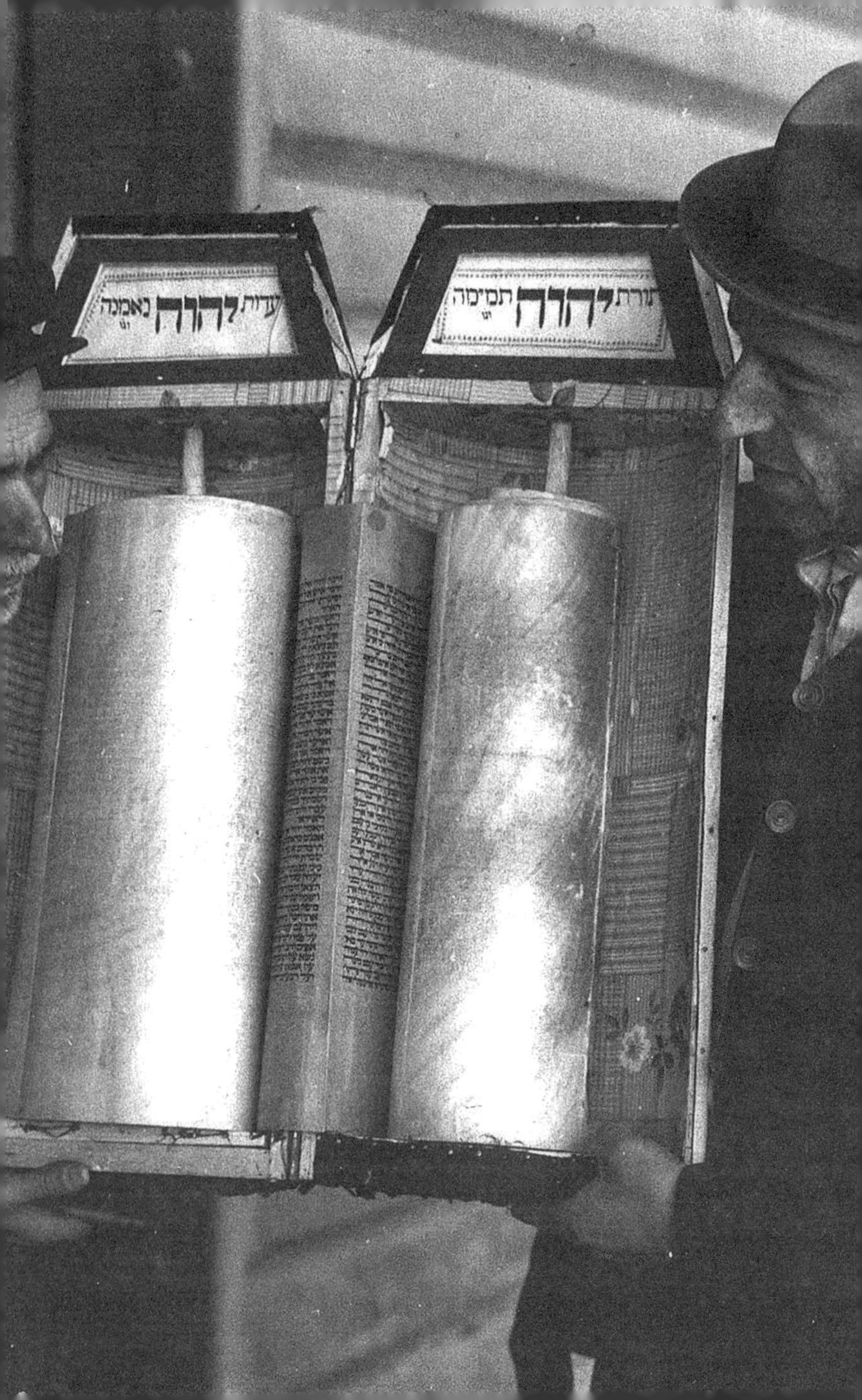

えがちだ。それはやめよう。iPadのキャンバスの場合、デバイス自体の物理的な境界を鑑みる必要があるが、同時にそれらの境界を越えて実質的に無限に伸びる空間を取り入れることが必要だ。

　このキャンバスから新しいストーリーテリングの形式が生まれてくるだろう。これは、読者とコンテンツとの対話のモードを再定義する機会となる。そして、コンテンツ作りを仕事とする人にとっては、またとないチャンスであろう。

ぼくらが作る紙の書物

紙に印刷された本は死んだのだろうか。答えはノー。

iPadのコンテンツについてのルールはまだはっきりと出来上がったわけではない。自信を持ってそのルールを定められるほど長くiPadを使っている人はまだいない。しかし、ぼくはこれまで6年間、素材や形式、物理的な形やコンテンツを考えながら、そして能力の限りを尽くしながら、紙の本を生み出してきた。

　これからの紙の本に対するぼくの考えは、こうだ。

まずは「この作品は使い捨てにされる種類のものか」と自問してみよう。ぼく

写真前頁　無限に伸びるコンテンツ枠――トーラー（右）と蒙古襲来絵詞（左）

図左上　新しい公式――構造的な意味をデジタル形式でも保持

図左下　明確な形を伴うコンテンツ――紙の本と電子の本が初めて一対一対応に

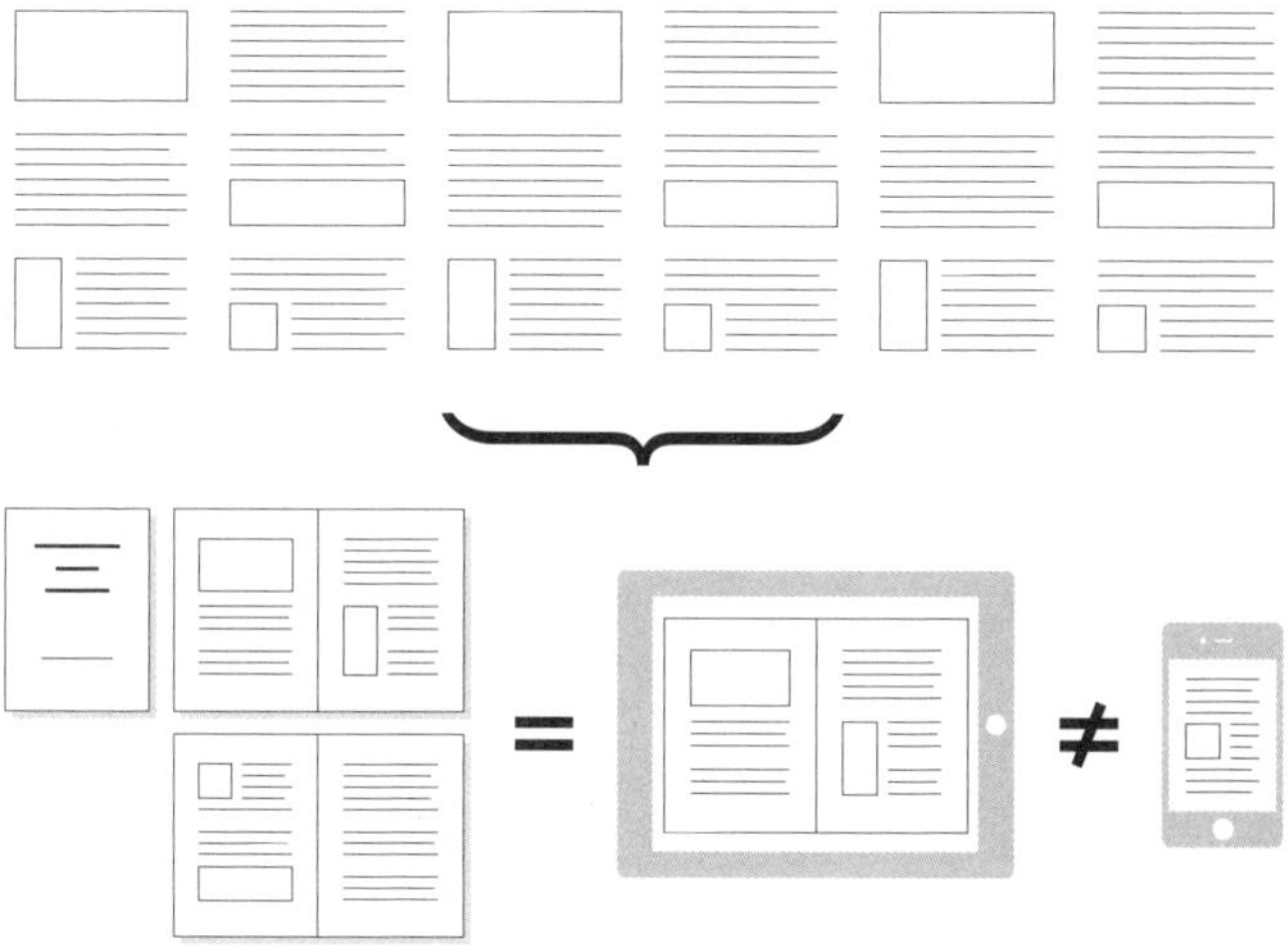

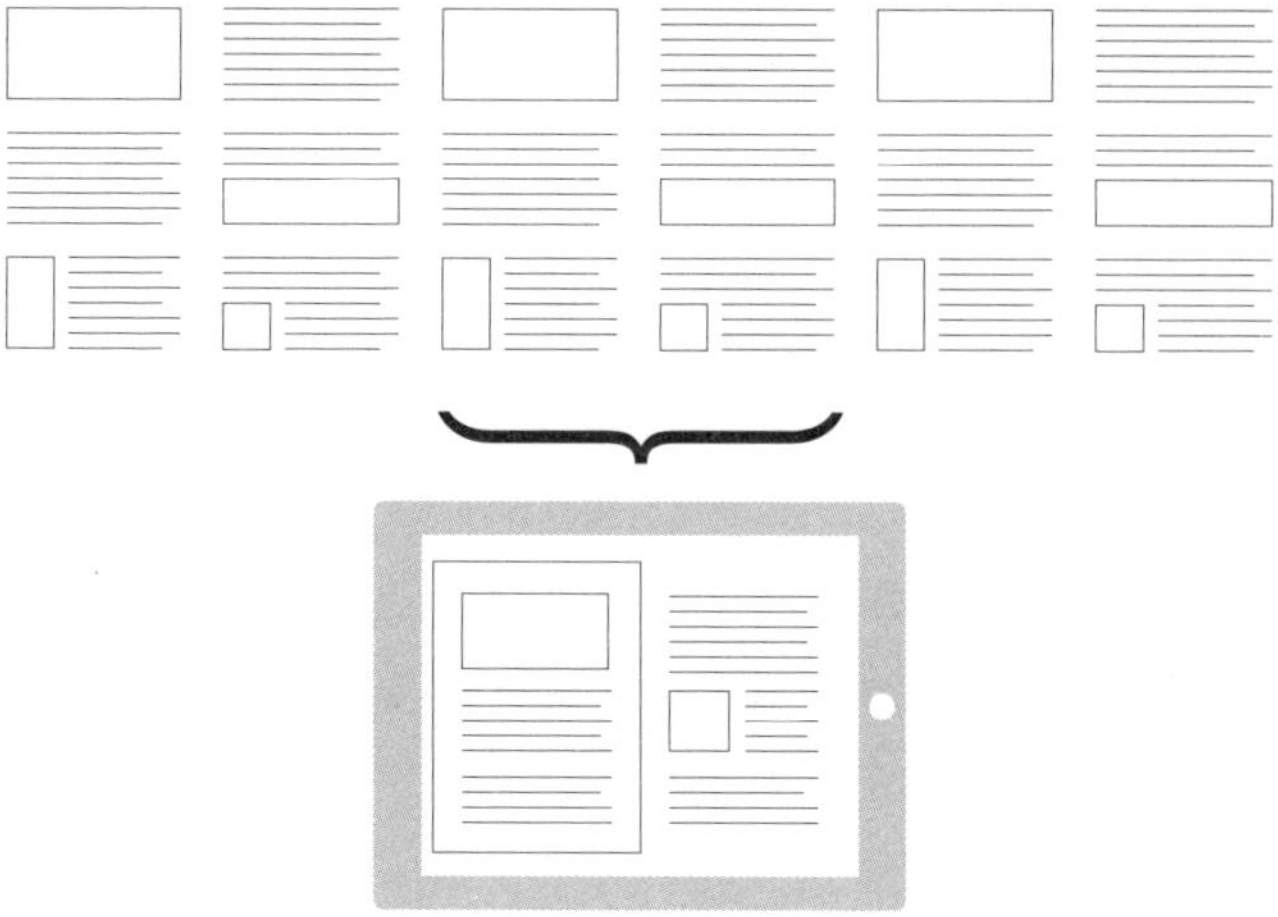

の場合、この問いに対して考える際は、ある明白なルールしか思い浮かばない。

・形を問わないコンテンツはデジタル形式に移行する
・明確な形を伴うコンテンツはiPadと紙の本の二つに分かれる

紙に印刷する本は、制作工程に最大限の力を注ぎ込まなければいけない。デザイナー、出版社、作家がキャンバスとして認識した上で作る本でなければならない。物理的な形を伴うモノとして、これらの書物が何らかの意味を持つにはこれが唯一の道だ。

今後、印刷物として本を作ることを考えるとき、必ず次の点に留意するようぼくは提案する。

・ぼくらが作るその本は、物理的な形態を必要とする——物理的な形態がコンテンツと結びついて、内容をより輝かせる。
・ぼくらが作るその本は、形状と素材の使い方に自覚的である。
・ぼくらが作るその本は、印刷物であることの利点を活用したものである。
・ぼくらが作るその本は、長持ちするよう作られる。

図左　縦方向に流れるコンテンツ
——慣例を破る

この結果は次のようになる。

・ぼくらが作るその本は、手の中でしっかりとした存在感を持つものとなる。
・ぼくらが作るその本は、懐かしい図書館のような匂いがするものとなる。
・ぼくらが作るその本は、あらゆるデジタル機器を使いこなす子供たちにさえ、その価値がわかるものとなる。
・ぼくらが作るその本は、紙に印刷された本が思想やアイデアの具現化であり得ることを、常に人々に思い出させるものとなる。

この基準を一つでも満たさないものは捨てられ、電子化への流れの中ですぐに忘れられてしまうだろう。

使い捨てされる本たちよ、さようなら。
新しいキャンバスたちよ、こんにちは。

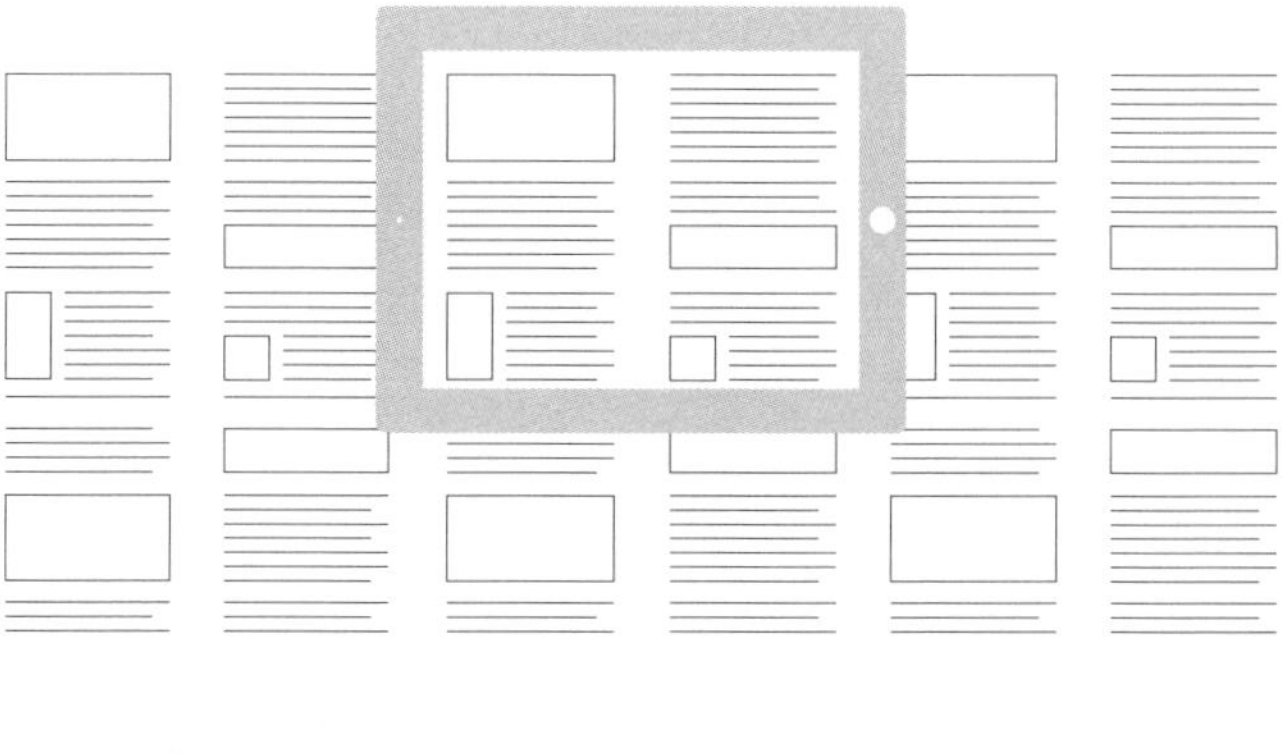

第二章

表紙をハックせよ

すべては表紙でできている

ムエルト！

表紙は死んだ！
死んだのだ！

死んだのだ、レコードのジャケットと同じように！
死んだのだ、ＬＤのスリーブと同じように！
死んだのだ、８トラックのシールと同じように！
死んだのだ、ディズニーのＶＨＳが入った箱と同じように！
死んだのだ、カセットのインデックスカードと同じように！
死んだのだ、あのろくでもないＣＤケースや歌詞カードと同じように！
死んだのだ、ＤＶＤやBlu-rayのボックスアートと同じように！

表紙を箱に入れて燃やすんだ、その灰を地元のさびれた本屋に撒いてしまえ。もう終わりにしよう。本を切るナイフは捨てろ。金属活字の棚は閉じろ。不吉の前兆は消え去った。不吉の前兆は今火をつけた表紙にあったのだ——もう大丈夫。

次！

オーケー、やれやれ。

まだ不安？　いいだろう。

電子本の表紙がすっかり「死んだ」っていうのに、どうしてそんなに恐る恐る扱ってるんだろう？　紙の表紙のように扱えって？　でも傷つけようがない。だって表紙は死んでいるのだ。だからこれから、ハックを始めよう。表紙をバラバラに、ビットに分解して、何ができるか見てみよう。

これは、本を愛する人々とデザイナーたちのためのエッセイだ。表紙はどこから来て、どこへ行くのか。電子本時代の表紙の美学とはどのようなものなのか。紙の時代の財産を無批判にデジタルへ移植するだけで、本質から目を背け続けている現状に不満を抱いている人々のためのエッセイだ。

ぼくたちが知っている意味での表紙は本当にもう――残念ながら――「死んだ」。死んだのはなぜかというと、電子本との接し方が、紙の本との接し方とは別のものになってしまったからだ。いったんそのことを理解すれば、次なる有益な考えが生まれてくる。

革表紙

　ポーラ・フォックス（Paula Fox）は彼女の自伝『The Coldest Winter（最も厳しい冬）』の中で「まるで彼の顔に触れるように彼の署名に触れた」[1]と書いている。こうした親しみを持って、ぼくたちは紙の本に触れている。

　だから、表紙にはなくなってほしくない。なくなってほしくはないが、むしろ急速になくなりつつある（Kindleではもうほとんどなくなっている）。表紙にかわるものがない、という訳ではない。かわるものがあったとしても、それはかつてぼくたちが親しんだ表紙とは別の役割になるだろう。

　表紙にはなくなってほしくない——この懐古主義は興味深い。ぼくたちが表紙の喪失を嘆くようになったのはつい最近のことだ。マシュー・バトルズ（Matthew Battles）は『図書館の興亡』の中で次のように書いている。

　ワイドナー図書館を出入りする書物の整理をしている人たちの話によれば、図書館は「呼吸している」という。学期のはじめに書架は渦巻く大きな雲のなかに本を吐き出し、学期の終わりに図書館が息を吸い込むと、書物が舞い戻ってくる[2]

1　ポーラ・フォックス『The Coldest Winter: A Stringer in Liberated Europe』

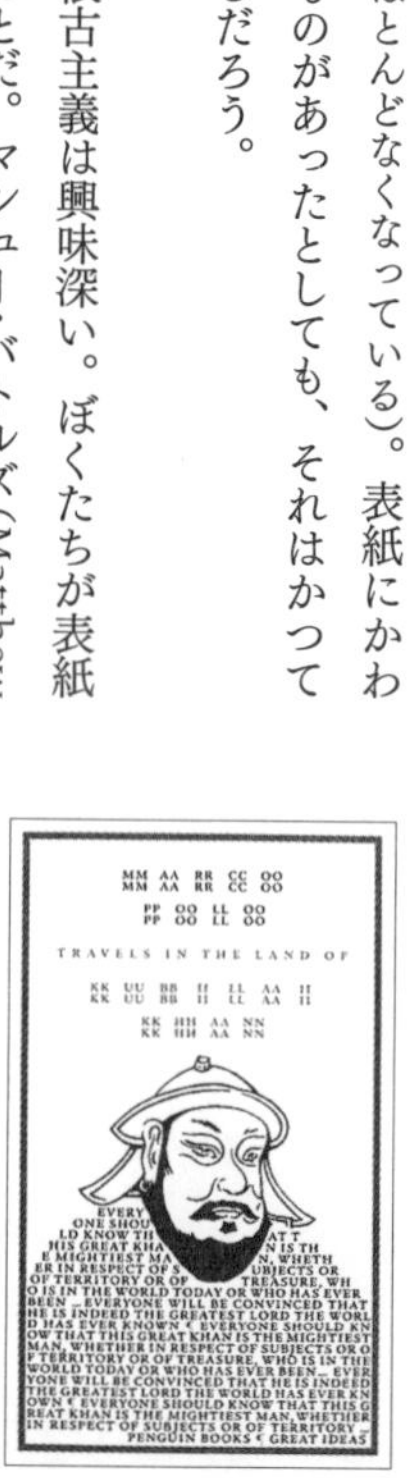

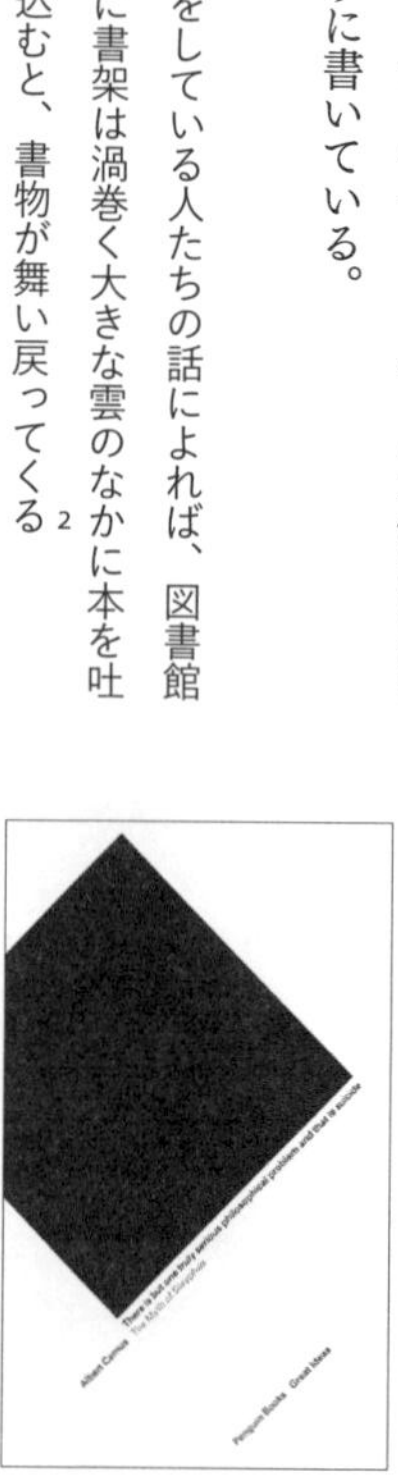

写真　デイヴィッド・ピアソンのハードカバーデザイン

飛び交う本たちは革表紙だったに違いない。厚くて、ホコリっぽくて、どれも一様で、「表紙であって表紙でないような」近代仕様。表紙を上に向けてテーブルに並べると、どれも同じに見える。しっかりとしていて格調があると同時に匿名的だ。傷や革の擦り切れ具合だけが何かを物語っている。しかしそれは、中身についてはほとんど語らない。ここで表紙は、紙の束を守り製本状態を保つ役割を果たしている。おかげで本は、千回だって棚を出たり入ったりした後でも、使用可能な状態のままでいられる。

デジタルの世界では、本は遍在することによって守られている。電子本はどこにもあって、どこにもない。簡単に増やすことができるし、痛んだり腐ったりすることなく何度でも取り出すことができる。紙の本のときのような表紙の使い方を、電子本は必要としていないのである。

紀伊國屋書店での喜び

ぼくが表紙に目を開かれ関心を持つようになったのは、10年近く前のこと。新宿東口の紀伊國屋に足を踏み入れたのは19歳のときだった。当時のぼくは、日本や本作りについて何も知らなかった。日本の書店を訪れたのもそれが初めて

2　マシュー・バトルズ『図書館の興亡——古代アレクサンドリアから現代まで』草思社、2004年、白須英子訳（10頁）

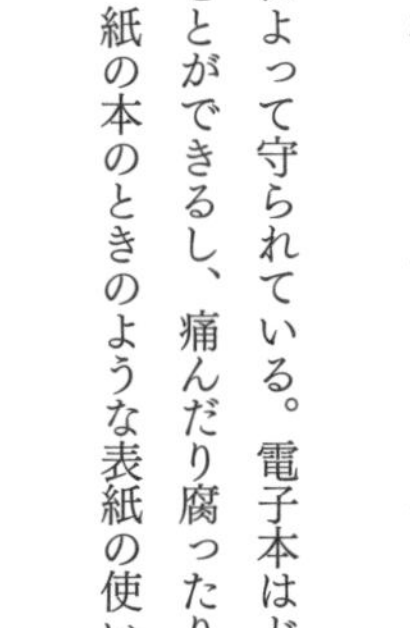

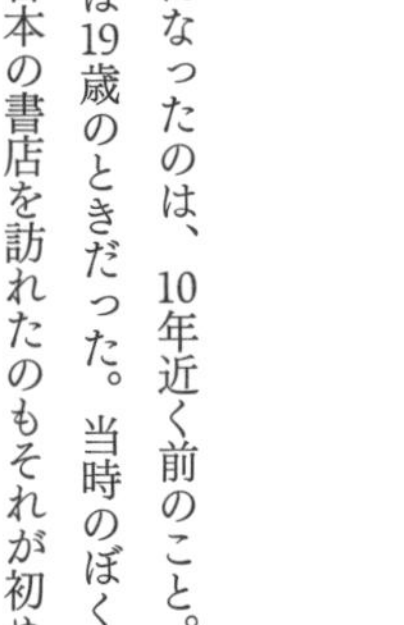

写真　GRAY318によるフォアのブランディング

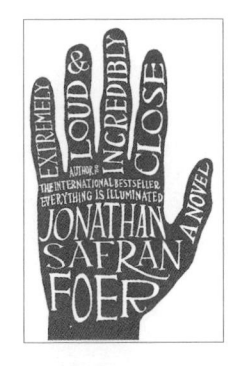

で、日本でのその他多くの体験と同じように、興奮と刺激に満ちあふれ、想像をかき立てられるものだった。書店自体は日本的照明で単に殺風景だったが、殺風景がどうでもよくなるほど、棚から行き当たりばったりに本を取り出す喜びを感じたのをよく覚えている。棚に並ぶ本はどれもみな……理にかなったものだった。[3]

それから数年して初めて、あの理にかなった本たちは読者への敬意から生まれたものだと知った。お尻のポケットやカバンにちょうど収まるサイズ。大著は何巻かに分冊される。紙質も洗練されている。製本もしっかりしている。しおりも挟み込まれている。でも思い返してみると、ぼくがなにより心打たれたのは、その簡素な表紙だった。リトル原研哉がそこらじゅうに。白を基調にして、インクの文字が考え抜かれて配置されている。色の統一感。写真は使わない。魅力的な本たち。それがたくさん。[4]

ミニマルな表紙が棚を埋めつくしていた。実際、ほとんどの本がよく配慮された美学に則っていた。全体として、この美学は一つの文化の声を作り上げていた。理にかなったシステムを。紀伊國屋での衝撃はその後10年にわたりぼくを捉え、ぼくのデザインに深く影響を与えた。ぼくはいつも自分にこう問いかけている。「どうすれば節度のあるデザイン言語やエコシステムを作り上げることができる

3　日本が作り出すあらゆるデザイン（食べ物も、文化も）は、心酔すべき（中毒的な、簡素な、想像をかき立てるような）合理性を併せ持っている。深沢直人の無印のデザイン、そしてその他無印の商品。ハリオのコーヒー用品。かまわぬのてぬぐい、そして畳……。何年か前、Art Directors Clubで審査員をしたときに、ぼくたちを魅了した優雅でミニマルなポスターのほぼ全部が、日本で制作されたものだったことを覚えている。もちろん日本でも、そそられないウェブサイト（例えば www.biccamera.com）が作られていたりもするのだけれど。

だろう？　どうすれば抑制のきいたものにできるだろう？」

日本の表紙の美学は、西洋の表紙事情に一筋の光を投げかけている。日本とは違い西洋の書店の本棚は、いくぶん無秩序に見えた（今もそうだ）。表紙の歴史を振り返れば、どんどん視覚的にうるさくなってきていることがわかる。

それは実のところ、驚くことでもなかったりする。書店はどんどん減っている。本棚もどんどん減っている。それゆえに人の目を惹くための競争が激しくなっている。結果として、表紙同士の声の張り上げ合戦がエスカレートしている。ところが、現在勃興しつつある電子本では、表紙の役割が劇的に変化してきている。場合によってはかつての役割がなくなったとも言える。表紙はもう声を張り上げる必要はない。なぜなら表紙はもう、かつてと同じ役割を果たしていないのだから。

今のこの変化は、デザイナーたちにとって絶好のチャンスだ。表紙は個別の作品だという考え方や、マーケティング部門の制約から脱却するチャンスなのだ。ある意味でこれは、やり直すチャンスなのだ。ハックするための。そして当然ながら、未来の電子本のデザインは職人魂を受け継ぐべきだ。日本の本のデザインのように、合理性のものさしを織り込んで。

4　それから約10年後、ぼくはパリのLa Huneという書店で同じような経験をした。完璧な白い本たちが、そこらじゅうにあった。

写真　原研哉『デザインのデザイン』

新しい表紙たち

もちろん、西洋の表紙の全部が全部、声を張り上げている訳ではない。ここ数十年で目を見張るような作品が現れているのも事実だ。チップ・キッド（Chip Kidd）の記念碑的な装丁、ジョン・ガル（John Gall）のアートディレクション、Gray318やベン・ワイズマン（Ben Wiseman）のイラストの手法、バーズオールのクラシックな文字デザイン、デイヴィッド・ピアソン（David Pearson）、ヘレン・イェンタス（Helen Yentus）、ピーター・メンデルサンド（Peter Mendelsund）らが手がける美しいデザイン。

彼らはわくわくする道を見つけたのだ——イラストや独創的なデボス（型押し）加工、その他ハックの手法を使って——この百年ほとんど変わらぬままだった領域に新たな道を切り開いた。彼らの表紙は、簡素さ、細やかさ、テキストへの敬意、そしてもちろん、マーケティングの結集である。[5]

だが、こうした表紙たちは例外である。[6] そこで疑問が湧いてくる——大部分の表紙デザインはオフラインでのマーケティング・ツールとして進化しているとして、電子本の「表紙」の役割はどうなっていくのだろう？　買った後の表紙はど

5　その他、美しい表紙たちはBookcoverarchive.comを参照のこと。

写真左上・左下　村上春樹の『Wind Up Bird Chronicle（ねじまき鳥クロニクル）』

FPT U.S.A. $25.95
Canada $36.00
With three novels and one short-story collection now translated into English, Haruki Murakami has emerged as the most significant Japanese novelist in decades. And with this hugely ambitious new book—a true magnum opus, equal in scope and execution to Yukio Mishima's posthumous tetralogy, The Sea of Fertility—he will take his place in the international pantheon of contemporary literature.
The Wind-Up Bird Chronicle is many things: the story of a marriage that mysteriously collapses; a jeremiad against the superficiality of contemporary politics; an investigation of painfully suppressed memories of war; a bildungsroman about a compassionate young man's search for his own identity as well as that of his nation. All of Murakami's storytelling genius—combining elements of detective fiction, deadpan humor, and metaphysical truth, and swiftly transforming commonplace realism into surreal revelation—is on full, seamless display. And in turning his literary imagination loose on a broad social and political canvas, he bares nothing less than the soul of a country steeped in the violence of the twentieth century.
Deceptively simple, wise, poignant, funny, and horrifying, The Wind-Up Bird Chronicle is a mesmerizing saga of personal conscience and the power of history: a stunning achievement whose impact will be felt worldwide.
ADVANCE REVIEWS
THE WIND-UP BIRD CHRONICLE
HARUKI MURAKAMI
KNOPF
THE WIND-UP BIRD CHRONICLE
HARUKI MURAKAMI

うなる？　いや、もっと言うと、買う前の表紙の役割は？

Amazonという場所

アメリカの大手書店ボーダーズ・グループの倒産は、ぼくたちも感じていた次の事実を浮き彫りにした。ぼくたちはオンラインで本を買っている。それもかなりの割合で。それなのに、表紙はAmazon上でおまけのような扱いを受けている。表紙があるといえばある、という感じ。

オンライン書店のページを見ると明らかなことがある。表紙はもはや、かつてのようなマーケティングのツールではないのだ。

Amazon上で表紙は、検索結果のページに小さく表示されているだけである。新着本のページでも非常に小さい。商品詳細ページですら、データの洪水に飲み込まれている。メンデルサンドが手がけた『The Information（インフォメーション 情報技術の人類史）』の素晴らしい表紙などは完全に消え失せている。

どうしてだろう？　なぜならそれは——ぼくたちが本を買ったときに得てい

6　日本の市場にも、ひどい表紙はたくさんある。けばけばしくて、不快になるものがある。そして日本の表紙もまた、マーケティングのツールである。しかし、全体的な感覚として——実際にそうかは不明だが——あまりに派手な表紙は持ち込まないという暗黙の了解があるように感じる。公正に競い合おうとしているように見える。少なくとも表面上は優雅でいようとしているように見える。声の張り上げ合いにならないようにしているように見える。アメリカに比べると、イギリスの表紙も、配慮があり優雅なもののように感じる（紙質も含めて）。

るものがデータだからである。

表紙画像は見る者を惹きつけるかもしれない。だがどうしてもレビューの数や内容のほうに目が行きがちなのである。ぼくたちは画像よりも評価を——マーケティングによる作為的なものでない「本当の」評価を——気にしてしまうものなのだ。人間が書いた推薦文。ときには自分の知っている人が書いていることだってある！ Amazonのようなごちゃごちゃした場所では、表紙はおまけのような存在としか感じられなくなる。

Kindleでの読書

Kindleというハードウェアはハックの最たるものだろう——「ハック」という言葉本来の「たたき切る」という意味で——Kindleの読書プロセスから表紙は完全に断ち切られている。

Kindleの文字だけのアイテムリストからタイトルを一つ選択すると、まず現れるのは最初の章の最初のページ。前付——著作権や目次の部分——そして、もちろん、表紙は飛ばされる。スティーブ・ジョブズの伝記では表紙を表示させるのに「戻る」ボタンを15回以上押し続けなければならない。これは残念なことだ。

写真　Amazonの年間ベストセラー

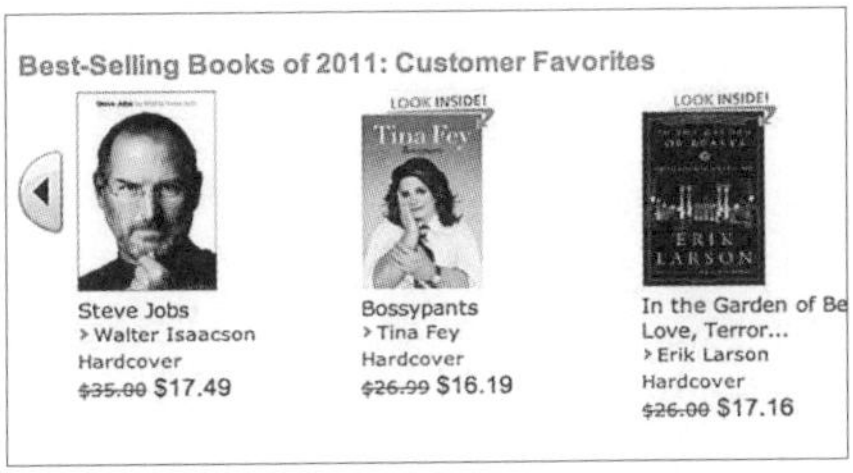

The Conference of the Birds

A Study of Farid ud-Din Attar's Poem
Using Jali Diwani Calligraphy

Design and Calligraphy by Farah K. Behbehani

Eインクのディスプレイに映えるモノクロ写真だってあるというのに。

　この読書の流れは、ハードウェアの制約によるものではない。いきなり本文を表示させるという効率性（そして、おそらくは、データ）を意識した設計によるものだ。当然、この効率性は表紙への親しみを犠牲にした上で成り立っている。

　電子本は、ほとんど、あるいは全く脈略なくどこからでも出入りできる。対照的に、紙の本を開くときには、いつも表紙が待ち構えている。読み返すときはいつでも、表紙を「通り過ぎて」本文に向かわなければならない。5回もそれを繰り返せば、本のタイトルや著者を忘れることはない。[7]

鳥の会議

　ファーラー・ベビハニ（Farah Behbehani）によるデザインでテームズ・アンド・ハドソンから2009年に出版された『The Conference of the Birds（鳥の会議）』[8]は、表紙が（そしてそれに続く前付が）、見事に抹殺された時代で生き残るための一つの例だ。

　届いたばかりのAmazonの箱（当然！）を開けると、布製の非常に美しい外箱

7　これはまた、電子本にある認知的距離の話でもある。Kindleでも「ホーム」ボタンを押せば、タイトルや著者の名前を見ることができる。しかしページが更新されるのに時間がかかる。表紙に戻るなんていうのは、紙の本なら10分の1秒程度でできるが、Kindleだと3、4秒はかかる。これはしっくりこない。人間は怠惰だ。なぜGoogleが1000分の1秒にまでこだわるのか。動物的な人間の脳は我慢強くなく、すぐに気分が変わってしまうからである。

8　ファーラー・ベビハニ『The Conference of the Birds』2009年。いくつかの版があるが、騙されたと思って——高くて、大きいハードカバー版を見てみてほしい（32、33頁）。

1 min left in chapter

が出迎えてくれる。

外箱の中には、本が入っている。本の表紙も布製で、外箱に負けないくらい美しい。そして表紙を開くと、洗練された見返しがある。

チクタク、チクタク。ぼくたちは本に引き込まれる。

前付のどのページも、同じトーンを保っている。紙質、印刷の質、デザインの統一性。目次にたどり着く前に、ファーラー・ベビハニの仕事が生半可なものでないことを知るだろう。

やがて本文——Kindleでいう「最初のページ」——にたどり着く。段ボールを開けてから、目的の場所へとたどり着く。ここまで読み進めることができるのは、デザインのきめ細やかさと、制作上の決断のおかげである——そしてそのすべてが、頭から読み進めるという、紙の本の物質性からくる制約への対応なのである。

電子本にも、外箱や布生地、「見返し」や前扉を模したものが必要だと言っているのではない。紙の本のこうした部分は機能上の必要があって存在している。慣例から生まれてきている。そうした事実が、電子本のデザインでは見落とされている。ほとんど、こう問われることがない。なぜそれらは存在するのか？ と。

9　アメリカなどで提供される無料音楽ストリーミングサービス

10　このエッセイは、オライリーの表紙を探しているときに見つけた。彼の発言とぼくのエッセイには2年の開きがある。その2年の開きは、二つの両極端な事実を物語っている。その2年で、出版のシステムはものすごい勢いで変化しているが、表面上はものすごく変化を拒み続けているのである。

なぜ表紙が必要？　それは中身を守るため。
なぜ前扉が必要？　前扉は表紙がなかった時代の名残だから。
なぜ布製が必要？　布は包んで守るのにとんでもなく適した材質だから。

ブック・デザイナーやソフトウェア・エンジニアたちには、ぼくたちの時代の電子本は何を受け継いでいくべきかを考える機会が無限に広がっている。電子という、紙とはコンテクスト（文脈）の異なった活字の海に投げ込まれたことで、失うものはたしかにある――しかし、どうすれば紙のコンテクストを受け継いでいくことができるだろう？　電子の海で表紙はどのような「機能」を持つべきなのだろう？　それにそもそも、表紙ってなんだろう？

現代の表紙事情

iBook や Kindle アプリでは、表紙はせいぜい２００ピクセルのサムネイルに成り下がっている。ほとんどのタイポグラフィは判読できない。アプリ化された本は、表紙がアイコンとして使われる。

どんな物理的メディアにも、電子メディアへの移行で失われるものがある。衰退を続ける本の表紙は、長くゆっくりと縮小を続けるＣＤのジャケットに等しい。レコードジャケットのデザイナーもまた同じような感覚を持っているだろう。彼らはカセットやＣＤのジャケットに、そして今はRdio[9]や iTunes のサムネイルに追いやられている。キャンバスはほとんど失われてしまった。

ジェームズ・ブライドル（James Bridle）は、２０１０年[10]に発表した表紙についてのエッセイの中で、鋭い指摘をしている。本がデジタルになったとき、出版社はコントロールを放棄せざるを得ないという。

> 私たちが認識すべきなのは、［表紙の］複製は制御できないということだ。表紙はコピーされ、リンクを張られ、解像度やサイズを変更して再投稿される（略）同時に認識すべきなのは、表紙はもっと別の役割を果たす可能性を秘めているということだ。

さあ、どうやってこの制御不能な状態に立ち向かおう？

どんなものにも適応するデザインを作ってしまえばいい。

11 「Why Aren't There Words on the Covers of Our Books?（我々の表紙に文字がない理由）」

写真　セス・ゴーディン『Poke the Box（箱を突っつけ）』

Domino（ドミノ）

セス・ゴーディンの「ドミノ・プロジェクト」は縮小を続ける表紙の世界に一石を投じ、体系化を目指した印象的な試みだ。

「ドミノ」が出版した初めての本『Poke the Box（箱を突っつけ）』の表紙には文字が一つもなく、ただ楽しげな男が描かれているだけ。表紙に文字がないことに戸惑う読者たちに向け、ゴーディンは次のように説明している。

> 誰が文字を必要としている？　ウェブ上で本を検索すれば、文字はたくさん出てくるだろう。スクリーン上の文字を読めばいい。表紙はアイコンなんだから。[11]

これが Amazon のページというコンテクストに接続した本の表紙の美学である。

A Book Apart（ア・ブック・アパート）

これと対照的なのが、ジェイソン・サンタマリア（Jason Santa Maria）のミニマルなデザインによる「A Book Apart」だ。文字と派手な色の組み合わせ。大きくて、圧縮されたサンセリフ体の文字に明るい背景。これらもまた、どんなサイズにも適応できる。

写真　ジェイソン・サンタマリア
「A Book Apart」

紙とデジタルの中間地点

現在の、つかの間の、出版の萌芽／終末期において、多くの本は変わらず伝統的な流通チャネルを活用するだろう。それ故に、ある種の表紙には、電子の本と紙の本のどちらのコンテクストにも沿うことが求められている。

カードン・ウェッブ（Cardon Webb）がデザインしたオリバー・サックスの一連の表紙は、紙の本で見て美しい。ただ、より重要なのは、それがアイコンに縮まったとき、感動せずにはいられない全体像が現れるということだ。

これはデジタルの世界でもよく機能するデザインの一つの解答例だ（家の本棚で見るよりずっといい――だって、何冊もの本の表紙を表に向けて並べるスペースなんてどこにある?・)。こうしたデザインは、iPad の Kindle アプリにコレクション機能があるならば、ライブラリに集めようという気にさせる。

2011年に行われたオライリーのTOC (Tools of Change for Publishing) 会議でぼくは、ぼくらが知っている表紙はもはや退化した尻尾の名残のようなものだと述べた。昔の本の名残である。

そう述べる場としてその会議を選んだのは、オライリーのアート・ディレクターたちが、表紙を体系化することの効果や、表紙によって作られるブランドの力

をはっきりと理解しているからだった。彼らの作る表紙はまさに、前時代の特徴を最も有機的にデジタルの形へと変えたものだと言える。オライリーほど早く、表紙でのブランディングに気付いたコンピュータ書の出版社は他にない。紙の本の出版社で、すぐに（ちょっと手を加えるだけで）電子本のコンテクストに適応できる表紙のブランドを持ち合わせているところは数少ない。

特徴

さて、今見てきたような表紙の特徴とはどんなものだろう？

・アイコン的
・文字が大きい
・目立つ

人の目を惹く電子本の表紙を作りたければ、これらの特徴を参考にする価値はある。これらの特徴は紙の本にも適応できるし、総合的（ホリスティック）なデザインとして、iPad 時代の表紙の指標となるだろう。Kindle 優先のデザインをする。Kindle で美しく表示されるのなら、紙の本でも美しく見えるはずだ。

写真　オライリーの表紙

FULL MOON

システムをハックせよ

だけど、それで満足していてどうする？

「目立つ」、「アイコン的」、そして「文字が大きい」というのは、表面上の特徴に過ぎない。そこで、表紙の背後にあるシステムをハックしてみてはどうだろう？

このエッセイを完成させるために、ぼくは昔の三つのエッセイ――「Books in the Age of the iPad（「iPad時代の本」を考える）」「Post-Artifact Books & Publishing（完成後の本と出版）」そして「The Digital ←→ Physical（形のないもの←→形のあるもの）」――に立ち戻り、デザインし直して、再出版した。

左下の写真が、そのとき作ったもの。

それぞれの表紙の下部にある小さな文字がトロイの木馬――「ハック」にあたる。

手間をかけず、ほとんどコストゼロで流通できるのが電子出版の大きな特徴の一つだ。いくらでも本を更新できる。表紙がもう視覚的マーケティングのツールでないのであれば、その流通システムを利用して、表紙を通知のツールとして活用してみてはどうだろう？

新しいエッセイを出版する度に、これまでのエッセイの表紙を更新する。どれ

12　実装にあたっての技術的な詳細をいくつか。通常、更新された本は、更新後の購入者の目にしか触れない。それ以前の購入者にも更新内容を伝えたければ、Kindle Direct Publishing（KDP）にメールを送り、重要な更新があったと購入者に通知してもらわなければならない。KDPは、メール受信許可設定をしている購入者に、本の更新があったとメールを配信する。ハイライトやメモのデータは失われる可能性がある。本文でも言ったが、これはハックだから。

か一つでもエッセイを購入していた人たちには、通知が届く――「Books in the Age of the iPad（「iPad 時代の本」を考える）が更新されました」[12]。表紙は変更され、そこには最新エッセイのタイトルが組み込まれる（例えば、赤でハイライトされて）。洗練されたやり方とは言いがたいが、表紙を伝達装置とすることで、Kindle のプラットフォームに iOS スタイルの通知を組み込むハックが可能になる。

これが理想的？　もちろんそんなことはない。これはハックだ。Eインクの Kindle を読んでいるかぎり、更新に気付かないこともあるだろう。でももしかすると、iPad や Kindle Fire や iPhone でなら。

もっと洗練された方法はあるかって？　もちろんある。でも今の電子出版やそのツールを進化させたいなら、今実現可能なギリギリのことに挑戦するしかない。

こうしたハックが浮き彫りにしているのは、Kindle や iBooks といったプラットフォームの中で、著者と読者の間に横たわる広く不自然な溝があるということだ。著者の側は、こうしたプラットフォームを、著者と読者のコミュニティをうまく育てるものと捉えているだろう。もしかしたら読者間のコミュニティも育てるかもしれない。たぶんそうなるのだろう、いつかは。

写真左　ハックした Kindle 本の表紙

本の中身

ぼくが紙の本をデザインするとき、究極の目標としていたのは伝統的な美学を備えた表紙を作ることだった。機能的な表紙。はがれない表紙。カバンに本を投げ入れても安心できる表紙。本の中身にまで血を通わせる簡素な表紙。

そうした表紙は、本の他の部分から独立してデザインされているのではない。全体を構成する一つの部分なのだ。表紙は読者を物語へといざなう。本のトーンを作り上げる手助けになる（表紙がトーンを作るとは言わない）。本にアイデンティティを与えるのに必要だが、決定的に重要ではない（ということが決定的に重要）。表紙は大きなデザインシステムの一つのピースなのである。

実際、ぼくとしては、表紙をデザインすることよりも、本の内装をデザインすることのほうがずっと楽しい。内装――それは本のいちばんおいしい部分だ。表紙とは違い、内装を誇るということは少ない。だけどそんな誰も意識していない部分に楽しみは広がっている。内装で読者と心理戦を行うのだ。トーンを変える。意味を揺さぶる。テキストに命と形式を与える。

ぼくがデザインした本は、表紙を見ずに開いたとしても、独特ではっきりした

写真　ぼくがデザインした本。『Art Space Tokyo』

外見上のアイデンティティがあるはずだ。タイポグラフィやイラスト、そしてレイアウトを使って、表紙から内装まで共通したテーマを貫いている。そうすることで、表紙は、言うなれば、どの部分にも生きている。

電子本の内装のあり方

フランク・キメロ（Frank Chimero）の『The Shape of Design（デザインのあり方）』は、見事で独特なデザインを表紙から内装まで貫いた電子本として、最近のぼくのお気に入りだ。

フランクの電子本の適当なページを開いてみる——各章の冒頭には画像があって、そのどれもが表紙になり得る。彼は、最もベーシックなレベルで（そして現代の電子本のシステムの制約内で）どこを見ても表紙と呼べる本を作り上げた。

iBooksは選択できるタイポグラフィが少ないにもかかわらず、フランクの本の、章扉、見出し、字間や行間は紙の本とほとんど同じだ。彼は総合的なデザインシステムの上にテキストを築き上げ、『The Shape of Design』を紙と電子の中間メディアに仕上げた。

写真次頁『The Shape of Design』布製の表紙（右）、iBooksで表示した章前のイラスト（左）

Frank Chimero
The Shape of Design
Frank Chimero The Shape of Design

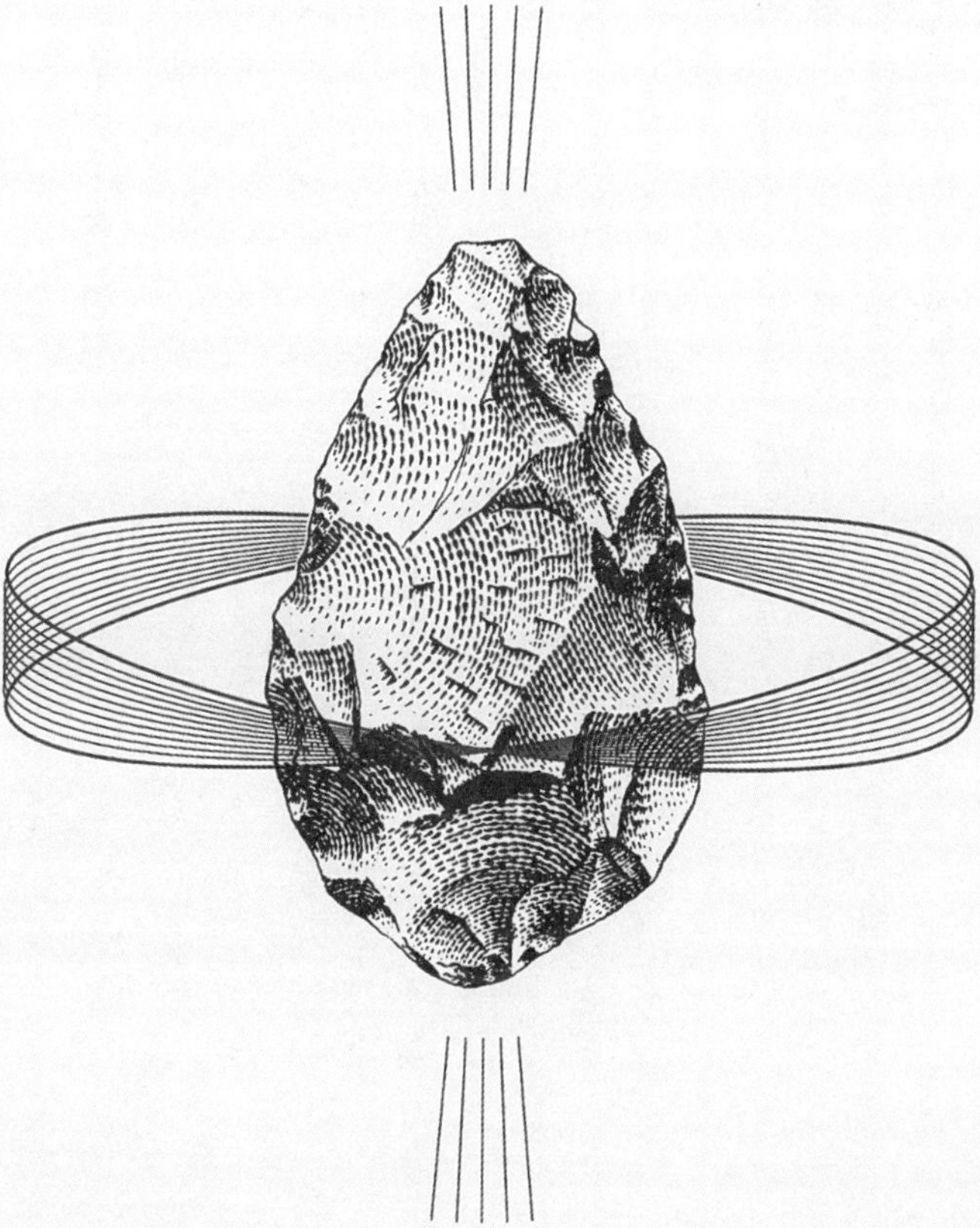

インターフェースに包むこと

電子の世界では、総合的に本をデザインするというクラシックな美学が求められているのだと思いたい。本の一部をデザインするのではなく、本の全体をデザインするという美学。

電子本の表紙は、声を張り上げる必要はない。商売する必要はない。だってさ、表紙はなくなってしまうだろうから。今は、本全体が表紙のように扱われる必要がある。電子本では、読書の開始点がはっきり決まっていないし、それはますます曖昧になっていくだろう。ネットの読者は机に置かれた本に出くわすということは少ない。でも彼らは、電子本と出会うチャンスには触れ続けている。友達がツイートしたある文章――そこにはリンクが付いていて、直接、その章にアクセスすることができる。

ぼくはこの現象を「A Pointable We（指し示す私たち）」というシリーズエッセイに書いている。そこでぼくが説いているのは、電子テキストが人に知られていく過程を理解することが重要な理由、そして電子テキストを誤ったインターフェースに包んでしまうと何が起こるか、ということだ。

プラットフォームという観点の欠落こそが、多くのiPadの雑誌アプリをダメにしている。紙の雑誌よりも良い地位を占めることはないだろう。雑誌アプリにはコンテンツに直接アクセスできる道が用意されていないのである。ここ、と指し示すことができない。結局、どこに行くにも「入り口」を通って行くことになる。そしてその入り口も大体数百メガバイトあって重く、開くのも腹が立つほど難しいのである。

本全体を表紙のように扱うということはつまり、表紙のタイポグラフィやデザインに注がれる愛を、すべてのページに注ぐということだ。フォントの選択。イラストのスタイル。余白やページのバランスに。

もう一度、『The Conference of the Birds』を見てみてほしい。

もしくは、次の頁を。

すべての表紙たち

死んだのだ！　そう、たしかに。ペーパーバックを綴じる糊と同じように。本に取り付けられたしおりと同じように。電子のページも、電子の糊で綴じられている。けれど、紙の糊とは違う。Kindleの「ページ」にもしおりを付けられるが、

写真右　グーテンベルク聖書

紙の本のしおりとは違う。

もちろん、電子本にも内容を表す固有の画像――「表紙」――はあるだろう。だがその画像は大きくなるよりもむしろ小さくなっていき、その他の、より強力なデータと競い合っていくことになるだろう。

電子本の表紙に対するかつての考えは、本のファビコン（お気に入りアイコン）を作るというようなもので、テキストの「入り口」になるというものではなかった。表紙は、よくても大きなデザインシステムの一部になるもので、最悪の場合は、存在しないも同然の状態となっている。

受け継ぐこと

そういえば前に「受け継ぐ」とか言ってなかったかって？　デザイナーやエンジニアたちは、コンテクストを意識した継承の道を探らなければならない。『The Conference of the Birds』に見事に引き込まれたように、電子本にも引き込まれるようでなければならない。

画像やグラフ、もしくは詩などの「明確な形を伴う」コンテンツを含んだ紙の本には、視覚的コンテクストというＤＮＡが一定量組み込まれていて、電子本でもそれを保たなければならない。そしてただの文章のような「形を問わない」本であっても、紙と電子との連続性は要求される。読者がどの部分から読み始めるかわからないとしても。

ツール

読者がそのテキストへどうやってたどり着くか、以前にも来たことがあるか、何を求めて来たのか、そうしたことがわかるツールや場所があれば、読者にも著者にも利点があるだろう。ウェブデザインとよく似てる、と感じたならばそれはその二つ——電子本のデザインとウェブデザイン——が、ある程度、近いものになっているということだ。

残念ながら、今の電子本作成ツールはまだ、そうした電子本を作りたいデザイナーの手助けになるものではない。Nook[13]やKindleは全くデザイナーの手を受け付けない。iBooks Authorがようやく、その実現に向かい始めている。

Retinaディスプレイのタブレットでは、文字がとても美しく見える。デザイン側の欲望にハードウェアは追いついて来ている。責任は今、デザイン側のビジョンを実現させることができないソフトウェアにある。

13　アメリカの書店チェーン、バーンズ・アンド・ノーブルが開発した読書デバイス

あの喜びを

計り知れないデジタルの洪水は――表紙の死！死！そして死！は――表紙についての考えを再検討するきっかけを与えてくれる。ノスタルジーから脱却するきっかけを。いや、もしかしたら、次なるノスタルジーの土台を築くきっかけを。けれど最も重要なのは、こうした試みは、現状を喜んでいない読者に喜んでもらうチャンスだということだ。ぼくは初めて紀伊國屋に行ったときのことを思い出す――あの喜びを――そしてその感情を抱きしめる。

読者のことを考えよう――配慮のたりない電子本を苦労しながら読み進める読者のことを。考え抜かれた表紙というものを見たことがない読者のことを。理にかなったサイズで、心地よく親しみが湧くよう丹念に作られていて、十分な余白、インクの跡、そしてぴったりの情報量。そんな本に――電子の本であれ紙の本であれ――まだ出会ったことがない読者のことを考えよう。

彼らのための電子本を作ろう。

まずは表紙から、ハックを始めるのだ。

第三章

テキストに愛を

こんなEリーダーが大事

スタイルというものはお金じゃ買えない

——余計な飾りについて　ウィリアム・ジンサー

同じ本を読んだ2人の人間のつながりほど深遠なものはない

——Cursor代表　リチャード・ナッシュ

93年のCD-ROMじゃあるまいし、ビデオミックスとか、新しい「インターフェースのパラダイム」とかって言うのはやめよう。

「テキスト」について語ろう。

電子本を語ろう。

みっともないナキワカレやトビオリなどなど

雨のそぼ降る日曜の午後、都心のカフェでどうにかiPadで本を楽しもうとしている。でもダメだ。フォントもなってないし、綴り間違いがあるし、変なところでページが切れてたり、ナキワカレや、表が切れてたりして気が散る。そのとき、このガラスと金属でできたすごいモノを手にして何週間も経つのに、10頁くらいしか進んでないことにハタと気づいた。

何がいけないんだろう？

iPhoneでもう何度も小説を楽しんだんだから、スクリーンのせいじゃない。

テーブルや膝の上に置けばどうってことないから、重さのせいでもない。

問題はもっと単純なことで、電子本を読むにはiBooksやKindleのアプリはEリーダーとしてイマイチなんだ。デジタル本なのにヘタクソなまま組まれたPDFみたいで、読書体験のジャマになる。

もっとまともなものができるはず（作らなきゃ）。

だけど、インターフェースやデザインの問題よりも深いところで何かがチクチクする。アプリがデジタルテキスト独特の持ち味を完全に無視しているからだ。

読み手が電子本を読んでいるときのメタデータを無視しているからだ。

このエッセイでは以下の2点の問題を考えてみる。

1　既成のEリーダーの何が悪くて、どこをどう作り直せばいいのか？

2　デジタル化されたテキストを読むとき、どういうメタデータが生まれて、どうやってそれを正しく利用できるEリーダーを作り、さらにそれがどうぼくたちと本との関係を変えていくか。

まず、デザインと使い勝手という2点からEリーダーを見てみよう。それから、どうやったら本当にデジタル本の「デジタル」な要素を生かせるのか考えてみる。

Eリーダーの現状

iBooksとKindleのアプリを並べてみると、デザインが根本的に違うところが見えてくる。[1] iBooksはテキストを開放してるんじゃなくて、3Dの本よろしく、読者の視界にズカズカのりこんでくる。一方、Kindleのアプリは、iPadの白く広いスペースにテキストを浮かせるように流している。

Kindleのページデザインでは、ナビゲーションの要素がそれぞれのコンテクストに収まっていて、自分のライブラリーに戻るとか、左右のマージンにブックマークを入れるといったメタ操作が読書の邪魔にならない。ナビゲーションや文字の大きさを変えるなどの直接的な操作は画面中央の下に現れる。

1　これは2010年当時の話。その後iBooksとKindleのデザインがどう変わったか、お手元の最新版と比較してほしい。

写真左　ナビゲーション要素を表示したiBooksアプリ（左上）とKindleアプリ（右上）。ナビゲーション要素を非表示にしたiBooksアプリ（左下）とKindleアプリ（右下）。

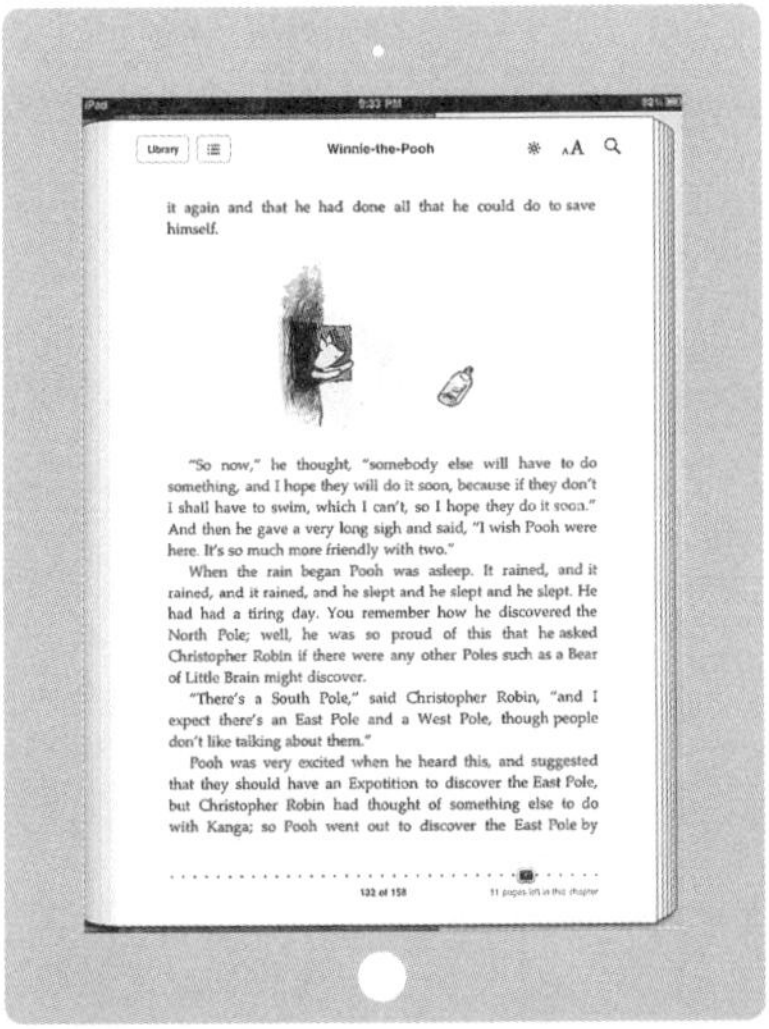
Library
Winnie-the-Pooh
it again and that he had done all that he could do to save himself.
"So now," he thought, "somebody else will have to do something, and I hope they will do it soon, because if they don't I shall have to swim, which I can't, so I hope they do it soon." And then he gave a very long sigh and said, "I wish Pooh were here. It's so much more friendly with two."
When the rain began Pooh was asleep. It rained, and it rained, and it rained, and he slept and he slept and he slept. He had had a tiring day. You remember how he discovered the North Pole; well, he was so proud of this that he asked Christopher Robin if there were any other Poles such as a Bear of Little Brain might discover.
"There's a South Pole," said Christopher Robin, "and I expect there's an East Pole and a West Pole, though people don't like talking about them."
Pooh was very excited when he heard this, and suggested that they should have an Expotition to discover the East Pole, but Christopher Robin had thought of something else to do with Kanga; so Pooh went out to discover the East Pole by
132 of 158
11 pages left in this chapter

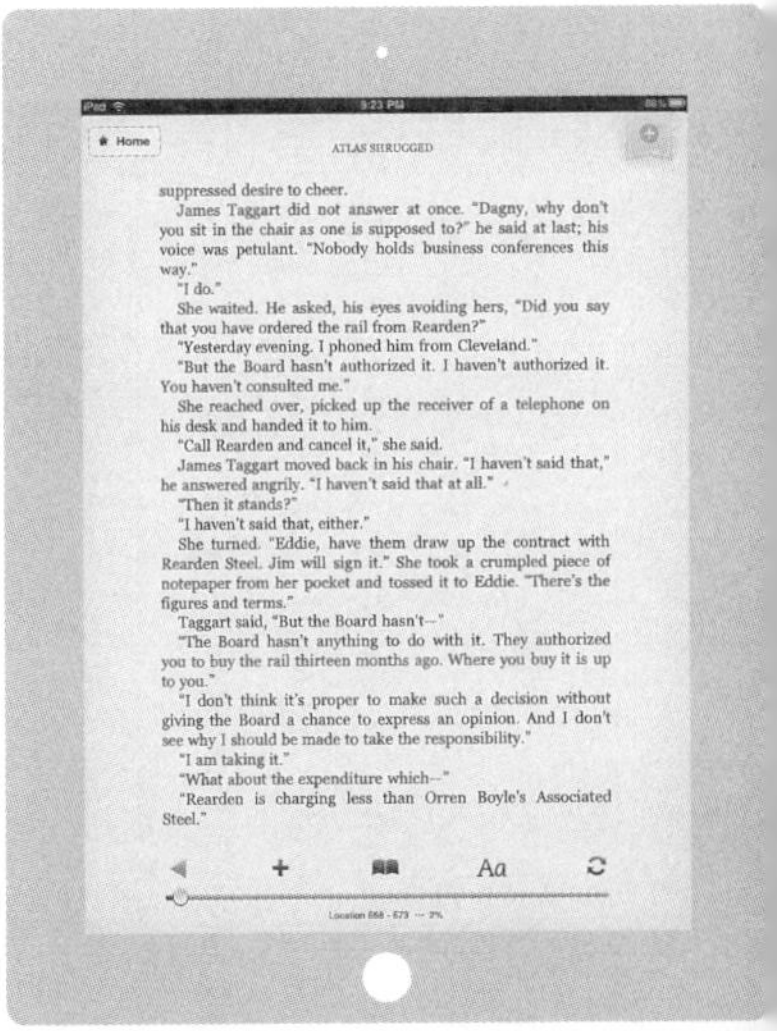
Home
ATLAS SHRUGGED
suppressed desire to cheer.
James Taggart did not answer at once. "Dagny, why don't you sit in the chair as one is supposed to?" he said at last; his voice was petulant. "Nobody holds business conferences this way."
"I do."
She waited. He asked, his eyes avoiding hers, "Did you say that you have ordered the rail from Rearden?"
"Yesterday evening. I phoned him from Cleveland."
"But the Board hasn't authorized it. I haven't authorized it. You haven't consulted me."
She reached over, picked up the receiver of a telephone on his desk and handed it to him.
"Call Rearden and cancel it," she said.
James Taggart moved back in his chair. "I haven't said that," he answered angrily. "I haven't said that at all."
"Then it stands?"
"I haven't said that, either."
She turned. "Eddie, have them draw up the contract with Rearden Steel. Jim will sign it." She took a crumpled piece of notepaper from her pocket and tossed it to Eddie. "There's the figures and terms."
Taggart said, "But the Board hasn't—"
"The Board hasn't anything to do with it. They authorized you to buy the rail thirteen months ago. Where you buy it is up to you."
"I don't think it's proper to make such a decision without giving the Board a chance to express an opinion. And I don't see why I should be made to take the responsibility."
"I am taking it."
"What about the expenditure which—"
"Rearden is charging less than Orren Boyle's Associated Steel."
Aa

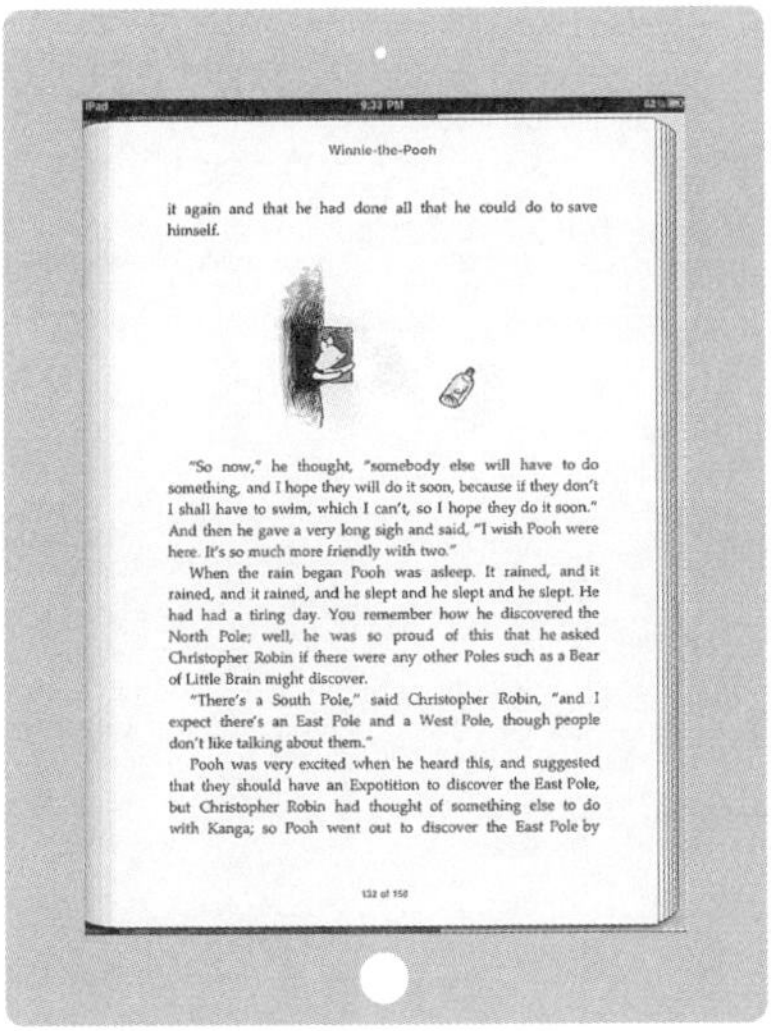
Winnie-the-Pooh
it again and that he had done all that he could do to save himself.
"So now," he thought, "somebody else will have to do something, and I hope they will do it soon, because if they don't I shall have to swim, which I can't, so I hope they do it soon." And then he gave a very long sigh and said, "I wish Pooh were here. It's so much more friendly with two."
When the rain began Pooh was asleep. It rained, and it rained, and it rained, and he slept and he slept and he slept. He had had a tiring day. You remember how he discovered the North Pole; well, he was so proud of this that he asked Christopher Robin if there were any other Poles such as a Bear of Little Brain might discover.
"There's a South Pole," said Christopher Robin, "and I expect there's an East Pole and a West Pole, though people don't like talking about them."
Pooh was very excited when he heard this, and suggested that they should have an Expotition to discover the East Pole, but Christopher Robin had thought of something else to do with Kanga; so Pooh went out to discover the East Pole by
132 of 158

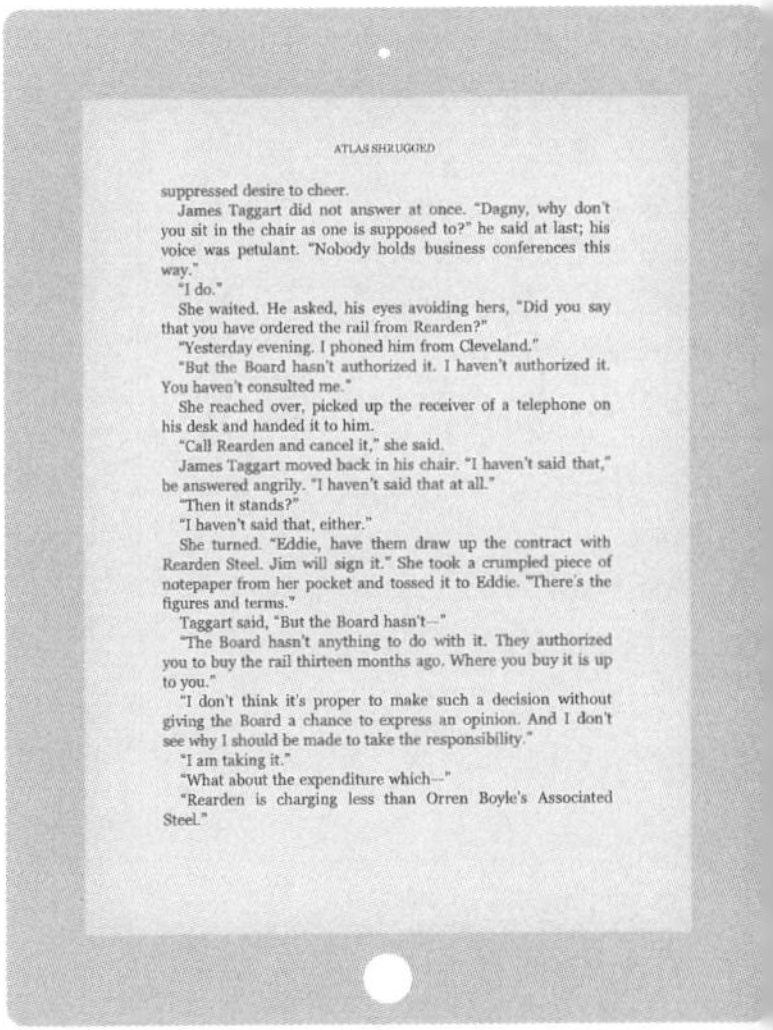
ATLAS SHRUGGED
suppressed desire to cheer.
James Taggart did not answer at once. "Dagny, why don't you sit in the chair as one is supposed to?" he said at last; his voice was petulant. "Nobody holds business conferences this way."
"I do."
She waited. He asked, his eyes avoiding hers, "Did you say that you have ordered the rail from Rearden?"
"Yesterday evening. I phoned him from Cleveland."
"But the Board hasn't authorized it. I haven't authorized it. You haven't consulted me."
She reached over, picked up the receiver of a telephone on his desk and handed it to him.
"Call Rearden and cancel it," she said.
James Taggart moved back in his chair. "I haven't said that," he answered angrily. "I haven't said that at all."
"Then it stands?"
"I haven't said that, either."
She turned. "Eddie, have them draw up the contract with Rearden Steel. Jim will sign it." She took a crumpled piece of notepaper from her pocket and tossed it to Eddie. "There's the figures and terms."
Taggart said, "But the Board hasn't—"
"The Board hasn't anything to do with it. They authorized you to buy the rail thirteen months ago. Where you buy it is up to you."
"I don't think it's proper to make such a decision without giving the Board a chance to express an opinion. And I don't see why I should be made to take the responsibility."
"I am taking it."
"What about the expenditure which—"
"Rearden is charging less than Orren Boyle's Associated Steel."

一方でiBooksは、メタ操作と直接的な操作をゴチャ混ぜにしている。文字部分の外側が、いい加減なメタファーで埋まっている。

オリバー・ライゲンスタイン[2](Oliver Reichenstein)は、このiPadのメタファーを「キッチュ」と切り捨て、特にiBooksに顕著だと指摘している。

> 最初のページから最後のページまで、アプリの画面の左右に、見た目の変わらない厚さのページを表現しているのは、視覚的に間違っているだけじゃなくて、ややこしい。感覚的に間違っているし、それはおかしい。キッチュだ。

紙の本をメタファーにしたデザインが真に価値のあるものなら——たとえば、実際に残りのページの分量を示せるように紙の厚みが変わるのなら——利用価値があるかもしれないが、それを安易にAppleのユーザーインターフェースに取り込むのは間違っている。特にこういったメタファーが、人目を惹くだけで、すぐに飽きてしまうものだとしたら。そしてそれこそまさに、いいインターフェースデザインが目指す(静かに、成熟していくという)方向とは反対のところに向かっている。

2 オリバー・ライゲンスタイン「Designing for iPad: Reality Check(iPadのためのデザイン)」

3 スティーブン・コールズ「What the iPad is Missing(iPadに欠けてるもの)」

4 サム・ウィック「Books, Typography and the iPad(本とタイポグラフィとiPad)」

Kindleのアプリはこのキッチュな罠に陥っていない。最小限に「本の感じ」を保ちながらスッキリしている。ページをめくる表面的なアニメーションで画面の隅を余計なメタファーでゴチャゴチャさせていない。ナビゲーションバーを隠してしまえば時計も消えてくれる。（余計なものといえば、iBooksさん、時計つきだなんて最悪だと思わない？）この機械を使ういちばん初めの目的、つまり「読む」ことになんとか集中させてくれる。

61頁の下の2枚は、両方のアプリをいちばんスッキリさせた画面。
どっちが読みやすい？

フォント

iBooksはタイポグラフィの点でも問題が多い。Font Feedのスティーブン・コールズ[3]（Stephen Coles）はiBooksのフォントの種類（とiPad全体）についてこう語る。

もし出版社／デザイナー側に本のフォントを選ぶ自由がないなら、――サム・ウィック（Sam Wieck）は、これがそもそも問題だとも言っているが[4]――ユーザー側でも

イラスト　植字

う少しましなフォントを選べるようにするべきだ。だが残念なことに、Appleには（Monotype社の）Baskerville、Cochin、Palatino、Times New Roman、Verdana[5]しかない。この中で読書に適しているのはPalatinoぐらいしかないと言えるだろう。

Kindleのアプリもフォント天国とは言えないが、まだましだ。コールズはこう続ける。

Appleと違って、そこの部分はAmazonはちゃんと下調べをしたようだ。PMN Caeciliaはタイポグラフィの専門家以外にはあまり知られていないが、読みやすさという点では最も優れたフォントの一つで、メリハリの強すぎないスラブセリフ体はKindleによく合っている。

デバイス間での同期

iBooksに欠けているのは、現代のソフトウェアデザインのコア機能であるクラウドシンク[6]だ。ティム・オライリー（Tim O'Reilly）もNYタイムズの記事[7]で、Appleでは信頼性の高い同期操作ができないことに言及している。

5　いずれも欧文フォント

6　どのデバイスからアクセスしても情報が同期されていること。

7　ティム・オライリー、デイビッド・ガレンター、ライザ・デイリー、サム・キャプラン、エミリー・チャング、マックス・キースラー「The iPad in the Eyes of the Digerati（コンピュータ通から見たiPad）」NYタイムズ、2010年4月6日

8　Apple会員向けのクラウドサービス

9　有料サービスとして提供されていたMobileMeは、その後無料サービスのiCloudに移行。

iPhoneとiPad間でのメディアとアプリの同期の詰めが甘い。Appleのサービスにユーザーを取り込むための「囮《おとり》のドラッグ」となるべきMobileMe[8]が、顧客のごく一部だけが利用する付属サービスとして売られている。もしAppleが勝ちたいのなら、インターネットサービスにおけるネットワーク効果をもっと理解しないといけない。勝負のためには利益を犠牲にする覚悟で、初期のリードを使ってユーザーをこれまで以上にAppleのサービスに取り込むべきである。そのチャンスを逃してはいけない。[9]

今の時点では、Kindleのアプリなら、寝る前にiPhoneを使ってベッドで本が読める。次の朝、iPadを出してコーヒーを飲みながら、簡単に、読み進んだところからまた読み始めることができる。もしKindle端末を持っていたら、通勤途中に同じ本を開いてまた次のページから読み続けることができる。

複数のデバイスが増える環境では、こうしたユビキティー次第で（いつも同期されているGoogleドキュメントみたいに）どのアプリが使いやすいか、あるいは(Pages[10]からファイルをiPadに移すときみたいに)[11]面倒くさいものになるかが決まる。

10　テッド・ランダオ「File Sharing with an iPad: Ugh! (iPadでファイル共有：ウエッ!)」ザ・マック・オブザーバー、2010年4月6日

11　このようなマーケットプレイスが読者の間で定着しつつある今だからこそ細部が重要。Kindleアプリはまだまだだけど、それでもぼくはiPhoneにインストールして使ってる。ある意味でAmazonはぼくを囲い込んだとも言える。iBooksで読む必要もないし、読む気にもならない。iBookstoreの品揃えと価格がAmazonにひけを取っている今は特に。

ショッピング

iBooks に一つ、よくできたものがあるとすれば、それは iBookstore だ。iBooks のアプリに違和感なく組み込まれていて、本を眺めて、買って、読めるインターフェースが継ぎ目なくできている。これが Kindle のアプリだと、iPad や iPhone でウェブブラウザを立ち上げないとどんな本があるか分からない。アプリ内でそのまま衝動買いするか、面倒くさいからいいや、とやめてしまうかでは大きな違いがある。

だが、Amazon には Kindle 版や無料お試し版をすぐに iPad、iPhone、Kindle デバイスに送れるバツグンのオンライン書店がある。これはぼくがいつもノートパソコンでも使っている機能で、Apple の優位もいっときだけのものかもしれない。Amazon が Kindle アプリからそのまま買えるオンライン書店アプリを作ることはたやすいが、Apple が多機能のオンライン書店を作るには時間がかかるからだ。

恥！

もちろん、本が読みにくいとなれば、どんなにオンライン書店がすごくてもしょうがないだろう？　ぼくが iBooks よりも Kindle アプリに一票を投じるのは、そっちのほうがまだマシ、だからだ。両方のアプリとも、単に紙の本をスキャンして作った安っぽいＰＤＦファイルに毛が生えたようなものに過ぎない。もし、デジタル化の効用を最大限に生かしたＥリーダーが欲しければ、今から作り直さなければならない。

ほんとうに欲しいＥリーダーとは

性善説を信じたい。ＤＲＭフリーの本を盗むか、そこそこの値段がついたＤＲＭフリーの本を買うか、の選択肢を与えられたら、ほとんどの人はお金を出すだろう。で、全部コピペしてオンラインにさらしたりしないと信じたい。こういう前提がなければ、電子本は実現しない。

何がこれからのＥリーダーを定義するのか？　ライザ・デイリー（Liza Daly）がまとめてくれている。

> 真に現代的なＥリーダーとは、ウェブに密に直結していて、読んでいる間や、読み終わった直後にユーザーが、そこから派生した疑問を解決できるものだ。

この表現はかなり気に入っている。疑問を解決、ってのがちょっと曖昧なところがいい。おそらく彼女もウェブサーチという意味では使っていないはずだ。電子本を開くたびに広がりを持った新しいデータが構築される。読者の疑問を受け止めてそのデータにアクセスさせてくれるEリーダーであるべきだ。

その前に、アプリが何かを忘れちゃいけない。文章が読める空間だ。その基本的なところをちゃんとやらないと、そもそも取り組む価値もない。

Eリーダーの基礎

紙の本も電子の本も、その中核はテキストだ。本のデザイナーは長年、デザインそのものがテキストを影で支える役割を果たすためにいろいろな約束事を作ってきた。本という物を、有効かつ優雅に情報が得られるツールとして、読者の心に届けるように心がけてきた。多くの優秀なタイポグラファーが知っていること、それはタイポグラフィが目に付く主役になってはいけないということだ。

今出ているEリーダーはこの原則を忘れてしまったかのようだ。究極の目的は、なるべく意識しないで自然にテキストを届けること、すなわち、そうっと読者を物語の中に引き込むことだ。本を読む醍醐味はそれにつきる。

12 instapaper.com

図左 1行の長さと文字の大きさ
——文字が大きければ幅をとる

最後の最後に、Eリーダーが改善しなければならない点はここだ（この点はローマ字の本向き。日本語の本はもちろんちょっと違うけど）。

ハイフン

なんでハイフンの原則が飲み込めないのかがわからない。Eucalyptusというi Phone用アプリでは、ハイフンをそこそこうまく扱えている。AppleもAmazonもできるはずだ。

でこぼこの右側

これは言うまでもないこと、ということにしておこう。なんでほとんどのEリーダーが均等配置のオプションを付けていないのかが理解できない。

もっとスマートなマージン

1行の長さとマージンは、どのフォントを使うか、どのサイズの文字を使うか、そして画面の形や大きさに深く関連している。Instapaper[12] みたいに、読み手が文字間の空きや、マージンや、文字の大きさを選べる。が、読み手はタイポグラ

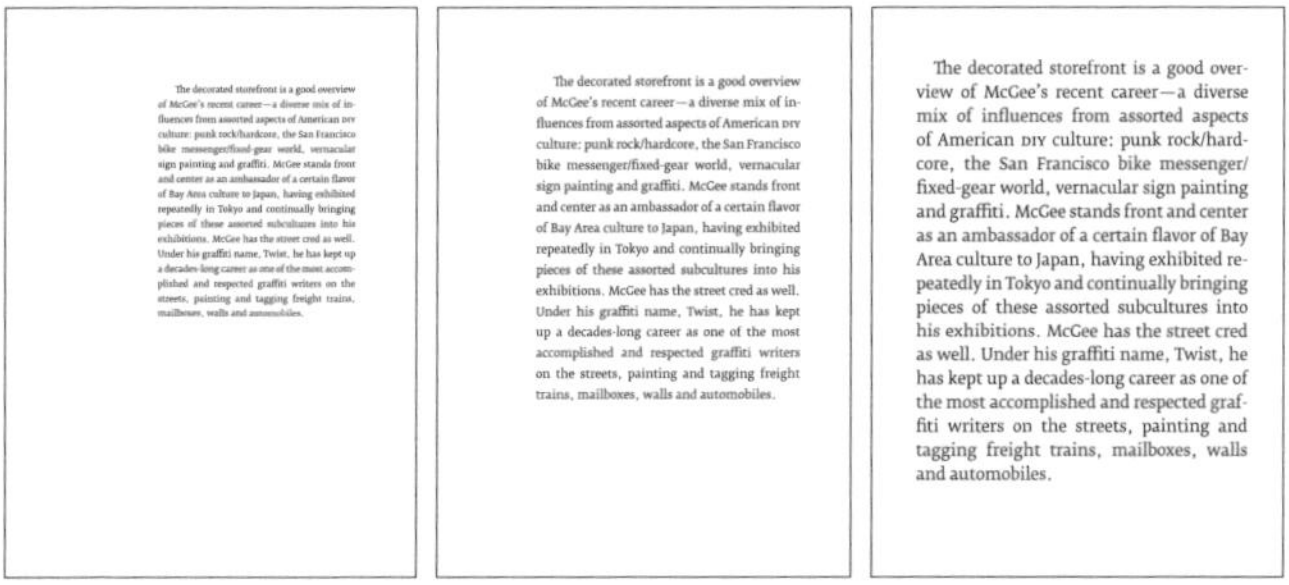

フィの専門家ではないので選んでもらう必要はない。こういった要素はページのデザインの基本で、論理的なバランスに基づいている。Ｅリーダーでバランスの良いアルゴリズムを決めておけるはずだ。

コピペ

コピペができないなんて冒涜だ。気持ちはわかる。出版社側としては本全体を簡単にコピペしてもらったら困るわけだ。その姑息な気持ちがＤＲＭの形式をとっている。

　どうやってもずるがしこいヤツらはテキストを盗んでさらす方法を見つけるだろう。そうでないぼくらの多くにとっては、自由にコピペができないのはすごく不便で、せっかくデジタル化されたテキストの加工性や利便性が失われる。こういうしょーもないＤＲＭは、ユーザーが右クリックでウェブ画像を保存できないようにJavaScriptを使うのと同じで、結局バカバカしい上に役に立たない。

　今の時点では、印刷された本は、どんなKindle本やiBooks本よりも細かいところに気が利いていて優雅だ。

　電子本の多くは変なページ割りや、壊れた表がそのままになったＯＣＲスキャ

図左　ハイフン――文字を大きくすることで読みやすさが変わる

mix of influences from assorted aspects of
American DIY culture: punk rock/hardcore,
the San Francisco bike messenger/fixed-
gear world, vernacular sign painting and
graffiti. McGee stands front and center as an
ambassador of a certain flavor of Bay Area
culture to Japan, having exhibited repeatedly
in Tokyo and continually bringing pieces
of these assorted subcultures into his exhi-
bitions. McGee has the street cred as well.
Under his graffiti name, Twist, he has kept
up a decades-long career as one of the most
accomplished and respected graffiti writers
on the streets, painting and tagging freight
trains, mailboxes, walls and automobiles.

diverse mix of influences from assorted
aspects of American DIY culture: punk
rock/hardcore, the San Francisco bike
messenger/fixed-gear world, vernacular
sign painting and graffiti. McGee stands
front and center as an ambassador of a
certain flavor of Bay Area culture to Japan,
having exhibited repeatedly in Tokyo
and continually bringing pieces of these
assorted subcultures into his exhibitions.
McGee has the street cred as well. Under
his graffiti name, Twist, he has kept up
a decades-long career as one of the most
accomplished and respected graffiti writers
on the streets, painting and tagging freight
trains, mailboxes, walls and automobiles.

The decorated storefront
is a good overview of Mc-
Gee's recent career—a
diverse mix of influences
from assorted aspects of
American DIY culture:
punk rock/hardcore, the
San Francisco bike mes-
senger/fixed-gear world,
vernacular sign painting
and graffiti. McGee stands
front and center as an
ambassador of a certain
flavor of Bay Area culture
to Japan, having exhibited
repeatedly in Tokyo and
continually bringing pieces

The decorated storefront
is a good overview of
McGee's recent career—a
diverse mix of influences
from assorted aspects of
American DIY culture:
punk rock/hardcore,
the San Francisco bike
messenger/fixed-gear
world, vernacular sign
painting and graffiti.
McGee stands front and
center as an ambassador of
a certain flavor of Bay Area
culture to Japan, having
exhibited repeatedly in
Tokyo and continually

The decorated store-
front is a good over-
view of McGee's re-
cent career—a diverse
mix of influences
from assorted aspects
of American DIY cul-
ture: punk rock/hard-
core, the San Fran-
cisco bike messenger/
fixed-gear world, ver-
nacular sign painting

The decorated
storefront is a good
overview of McGee's
recent career—a
diverse mix of
influences from
assorted aspects of
American DIY culture:
punk rock/hardcore,
the San Francisco bike
messenger/fixed-gear
world, vernacular

ンに過ぎず、読む体験としてここまで劣るものに紙と同じ値段を払うのはバカバカしいだろう。デバイスが悪いのではなくて、プレゼンテーションに配慮が足りないせいだ。電子本を読む体験も、もっと基礎を固めれば良いものになる。

ブリングハースト（Bringhurst）が言うように、タイポグラフィは読んでもらうきっかけとして目を惹かなければならない。だが、いったん目を惹けば、読まれるために裏方に回らなければならない。すなわちタイポグラフィとは、そびえ立つ透明性を持つものでなければならない。[13]

今あるEリーダーはすでに注目を集めている。これからはこのそびえ立つ透明性を目標とすべきだ。

ネットワーク（あるいはEリーダーのソーシャル性）

マーク・トウェイン[14]（Mark Twain）、デヴィッド・フォスター・ウォレス[15]（David Foster Wallace）、ポール・ランド[16]（Paul Rand）といった作家たちの書庫を漁ると、本に線が引いてあるって知ってた？　ぼくはこういう話が大好き。何が文豪たちの目に留まったんだろう？　線を引いたのはどこの文章なんだろう？　のぞき見

13 リズ・ダンシコ「As Transparent as Typography（タイポグラフィの透明性）」ボビュレイト、2007年9月6日

14 「Mark Twain, Self-Appointed Literary Critic（マーク・トウェイン、自称書評家）」NYタイムズ。「ここではマーク・トウェインが残した蔵書を閲覧できます。本を開いてみるとマーク・トウェインは読んでいる本の余白に注釈や修正を書き込まずにはいられなかったことがうかがえます」

15 「What David Foster Wallace Circled in His Dictionary（デヴィッド・フォスター・ウォレスは辞書の何を丸で囲ったか）」スレート、2010年4月

趣味と言われようと、文章を書く者が惹かれる文章ってなんだろうと思いを馳せてしまう。

紙の本を読むとき、下線を引いてメモを取る。ページの角を折って印をつける。[17]読み終わると、本の後ろの白ページにまとめを書いておくんだ。

こんなクセがあるのは、ぼくだけじゃないよね？

集合知というさらなる広がり

考えてみてほしい。同じKindleの本を1万人が読んで、下線を引いたりメモを取ったりしたとする。これを集合知としたら面白くないか？　ぼくが書き込んだメモを他のKindleユーザーやiBooksユーザーに読んでほしいと思ったら、そういうシステムがあってもいいんじゃないか？

1万人の読者が電子本に下線を引いた部分がどう重なっていたか見てみたい。これが本当の「虎の巻」かも。「Cliff Notes」のデレク・サイヴァース（Derek Sivers）がまとめてくれなくても（デレク、ごめん！[18]）お互いの下線部分をデジタルで読めたら、それがいちばんのまとめじゃないか？

みんなが飛ばし読みしたところや、読み返したところが「ホット」「コールド」の足跡として残るのはどうだろう？　長ったらしいオバマの評伝のどこの部分は

16　ウィリアム・ドランテル「Paul Rand: Bibliography as Biography（ポール・ランド：伝記という参考文献）」デザイン・オブザーバー、2003年9月3日

17　メモを書き込んだページはその右下を折り、右上は栞の代わりに折る（ぼくはページを折るのは平気）。特に重要なページを見つけたら、左下を折ることにしている。

18　デレク・サイヴァース「Book I've finished recently（私が最近読んだ本）」

外せないか、ってわかるんじゃないか?

ステファン・サグマイスター(Stefan Sagmeister)が村上春樹の新作を読んで下線を引いた部分を公表してくれないかな。ぼくなら見たい。キミもだろ?

本を買うとき、他の読者がどのぐらい読み進んだか、途中でやめたのか知りたいな。みんな最後まで読んだのか、途中で投げ出した人が多かったのか? どのぐらいメモをとったんだろう? どこに線を引いた?

こういう情報が蓄積されれば、そのテキストを評価する究極の指標になる。本がデジタル化されなければ、わからないか、憶測でしかない指標だ。こういう情報にアクセスして分析するシステムがあっていい。そしてそのアクセスはEリーダーでの読書にシームレスに組み込まれているべきだ。[19]

自分バージョン

こうやって下線やメモ書きをしながら本を読んだ後、自分だけのまとめコピーが作れたらいい。下線を引いた部分とメモだけを取り出す。これを書き出して自分にメールしたり、場合によっては、自動的に再レイアウトしてオンデマンド印刷で自分だけの本にするとか。

19 Enhanced Editionsがすでに行っている。彼らが追跡する読書行動は、どのページを読んだか、いつ読んだか、どのくらいの時間読んだか。Enhanced Editionsのピーター・コーリングリッジCEO(当時)はTOC(Tools of Change for Publishing)ですばらしい講演をした。

図左　下線部マップ——読者が線を引いたところが重なりあった情報が見られる

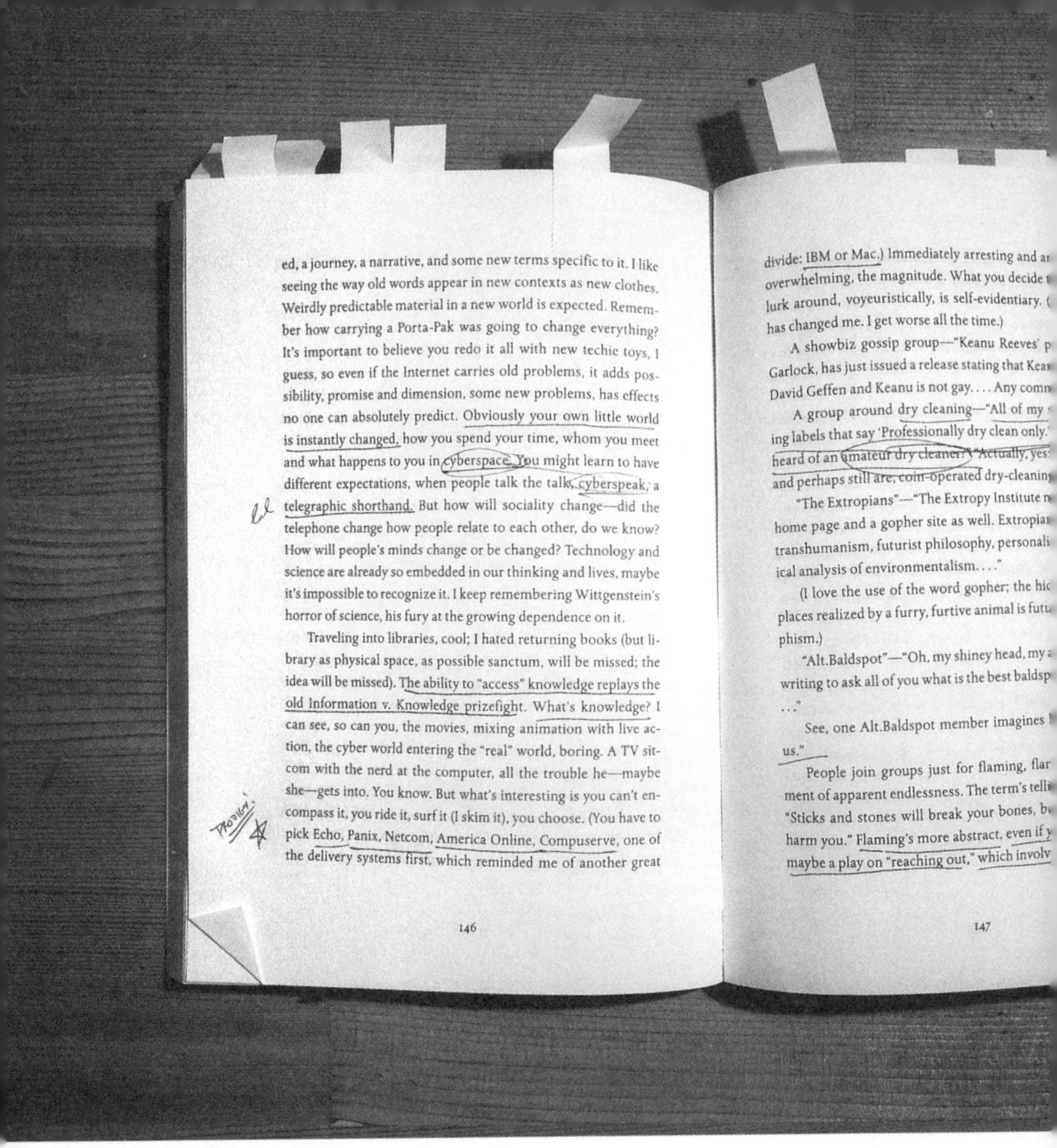
ed, a journey, a narrative, and some new terms specific to it. I like
seeing the way old words appear in new contexts as new clothes.
Weirdly predictable material in a new world is expected. Remem-
ber how carrying a Porta-Pak was going to change everything?
It's important to believe you redo it all with new techie toys, I
guess, so even if the Internet carries old problems, it adds pos-
sibility, promise and dimension, some new problems, has effects
no one can absolutely predict. Obviously your own little world
is instantly changed, how you spend your time, whom you meet
and what happens to you in cyberspace. You might learn to have
different expectations, when people talk the talk, cyberspeak, a
telegraphic shorthand. But how will sociality change—did the
telephone change how people relate to each other, do we know?
How will people's minds change or be changed? Technology and
science are already so embedded in our thinking and lives, maybe
it's impossible to recognize it. I keep remembering Wittgenstein's
horror of science, his fury at the growing dependence on it.
Traveling into libraries, cool; I hated returning books (but li-
brary as physical space, as possible sanctum, will be missed; the
idea will be missed). The ability to "access" knowledge replays the
old Information v. Knowledge prizefight. What's knowledge? I
can see, so can you, the movies, mixing animation with live ac-
tion, the cyber world entering the "real" world, boring. A TV sit-
com with the nerd at the computer, all the trouble he—maybe
she—gets into. You know. But what's interesting is you can't en-
compass it, you ride it, surf it (I skim it), you choose. (You have to
pick Echo, Panix, Netcom, America Online, Compuserve, one of
the delivery systems first, which reminded me of another great
146
divide: IBM or Mac.) Immediately arresting and
overwhelming, the magnitude. What you decide
lurk around, voyeuristically, is self-evidentiary.
has changed me. I get worse all the time.)
A showbiz gossip group—"Keanu Reeves'
Garlock, has just issued a release stating that
David Geffen and Keanu is not gay. . . . Any
A group around dry cleaning—"All of my
ing labels that say 'Professionally dry clean only.'
heard of an amateur dry cleaner?" "Actually, yes
and perhaps still are, coin-operated dry-cleanin
"The Extropians"—"The Extropy Institute
home page and a gopher site as well. Extropia
transhumanism, futurist philosophy, personali
ical analysis of environmentalism. . . ."
(I love the use of the word gopher; the
places realized by a furry, furtive animal is
phism.)
"Alt.Baldspot"—"Oh, my shiney head, my
writing to ask all of you what is the best
. . ."
See, one Alt.Baldspot member imagines
us."
People join groups just for flaming,
ment of apparent endlessness. The term's
"Sticks and stones will break your bones,
harm you." Flaming's more abstract, even if
maybe a play on "reaching out," which involv
147

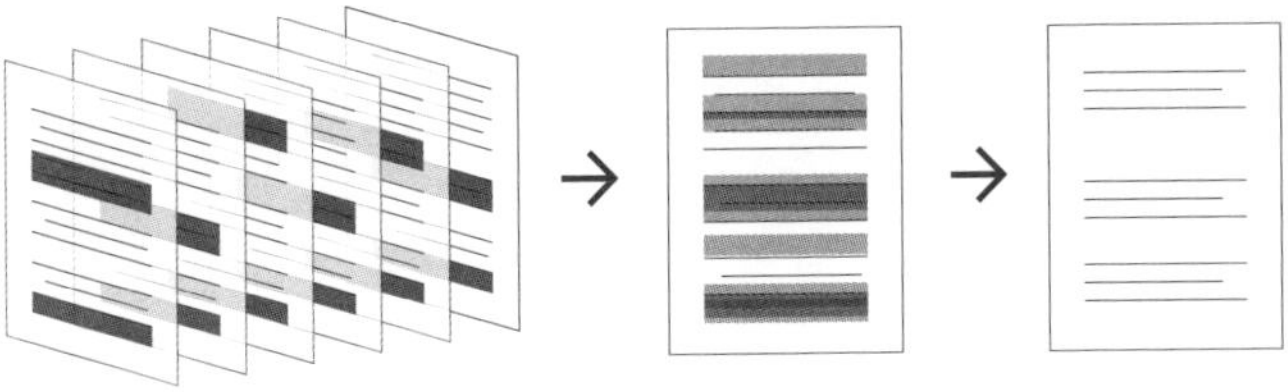

Eリーダーを超えて

電子本はＥリーダーに縛られる必要はない。テキストというのは巧みに加工できる。誰もがアクセスできて閲覧できる方法が必要だ。つまり、電子の本はオンライン上にあるべきだ。Amazonはこれを「なか見！検索」というやり方で実現している。著作権を侵さずテキストに部分的にアクセスできるシステムになっている。

たとえば、『On Writing Well』という本で、すばらしい箇所に遭ったとする。ツイッターの皆に知らせたい、と思ったらKindleのアプリ内でできるはずだ。テキストの一部分をハイライトして「シェア」を選択する。するとKindleがその部分のテキストを切り取ってツイートにリンクを貼ってくれる。フォロワーはこのリンクをたどってAmazonのサイト内の指定されたページにたどり着ける。前後の文を読んでみて、面白そうだったら買う。もしその本をすでに持っていたら、ウェブ上でも読める。

新しい読書の基礎

これまで読書といえば、それは紙の本の中で終始する、基本的に孤独な作業だった。でももうそうじゃない。

20 「Nash on the future of publishing（ナッシュが語る出版の未来）」２０１０年４月（www.booknetcanada.ca/moving-from）

21 ウィリアム・ジンサー『On Writing Well（執筆術）』

いろんな理由で電子本に期待している。だけどマルチメディア性にではない。電子本のもっとメタ的な可能性にワクワクしてる。リチャード・ナッシュ（Richard Nash）が言うように「同じ本を読んだ人間のつながり」[20]の実現に対して、だ。

だからここでひと息入れて、スタイルだけにこだわるのはやめよう。スタイルの店なんてないんだから。[21]紙の本の焼き直しみたいなメタファーはまだ取り返しのきくうちにやめようよ。

代わりに、基本に返ってタイポグラフィやページのバランスを改善する。考え抜かれたネットワーク（ソーシャル）メディアとしての機能を組み込む。読者の権利を尊重してこそ、この新しいキャンバスを探検する立場に立てるんだ。

第四章

「超小型」出版

シンプルなツールとシステムを電子出版に

私は神を見る。確実に動く計器や機械の中に

――バックミンスター・フラー

……ZIPドライブはフロッピーを飲み込んだ。
CDはZIPを飲み込んだ。
DVDはCDを飲み込んだ。
SDカードはフィルムを飲み込んだ。
液晶はブラウン管を飲み込んだ。
電話は電信を飲み込んだ。
メールは会話を飲み込んだ。
そしてタブレットが紙を飲み込もうとしている……

ここに1台のテーブルがある。
縦横何百メートルもある木製のテーブル。
使い古されていてオイル仕上げ。
年季が入っていて節がある。
使うには十分の大きさ。

さあ――大空の下、ぼくたちが持っている電子出版ツールを全部、このテーブルにぶちまけてみよう。インフラ設計にタイポグラフィ、プラットフォームにデバイスの雨あられ。最小単位に分解してしまおう。そしてテーブルに並べるんだ。

はしごを持ってくる。
テーブルの横に置く。
はしごを登って、テーブルを見下ろす。
何が見える？　何を作る？

雑誌

初めて「The Magazine（ザ・マガジン）」を見たときは笑顔がこぼれた。よく配慮され、とても理にかなった作りだということが一目でわかったからだ。それはまさに理想のモバイル出版物のようだった。無駄な作りは一切なし、あるのは必要なものだけ。これまで見落としていたもの。やるべきこと以外、手の込んだことは一切ないアプリ。出版の未来を考える人々からは、正直言ってつまんないから、と忌み嫌われていたようなアプリ。

the MAGAZINE

HONDA
N360

こんなアプリ見たことあるよって思うけど——本当にそうだろうか？

名高いハーバード・ビジネス・スクールの教授、クレイトン・クリステンセン(Clayton Christensen)との新聞業界についての対話の中で、ジョシュア・ベントン(Joshua Benton)は次のように語っている。

> 将来の破壊者たちは、「概して質が低く、注目に値しない」[1]と思われている。

じゃあ注目してみよう。

車と出版

１９６７年、ホンダのＮ３６０がベールを脱いだ。

Ｎ３６０はシンプルな軽自動車、「超小型」な車だった。

ホンダの技術者たちが身を寄せ合い、話し合っている光景を想像するのは楽しい。使い古された木製のテーブルに、歴代のカーデザインと生産技術を並べている。集まった彼らはこぞって考える。

「この材料で作れるいちばんシンプルなものはなんだろう？」

1　「Clay Christensen on the news industry: "We didn't quite understand…how quickly things fall off the cliff"（クレイトン・クリステンセンがニュース業界について語る「すごい勢いで崖から転げ落ちていることに私たちは気付いていなかった」）」、ニーマン・レポート、２０１２年10月この問いから出発して、ホンダは——１９４９年からオートバイの生産を、１９６３年から車の生産を開始したばかりのこの会社は——ミニクーパーからヒントを得た車体に、オートバイをベースにしたエンジンを搭載した。31馬力。確実に動く。手頃な価格。リットル16キロ以上の燃費。[2]

Ｎ３６０は、アメリカの自動車会社では決して考えつかない製品だった。だがアメリカを批判することはできない。アメリカには、こうした商品に思いを馳せる利点がなかったのである。アメリカの自動車業界とは違い、日本の自動車業界は、それまでの業界の動向や伝統から恩恵を受けていなかった。そして伝統から恩恵を受けていないとき、人は厚かましくも堂々と突き進むことができる。

ソフトウェア業界には「実用最小限の製品」（MVP: Minimum Viable Products）という言葉がある。Ｎ３６０はまさに、実用最小限の車だった。

Ｎ３６０はアメリカで成功しなかったが、同時に設計を始めたＮ６００——かわいさはＮ３６０とほとんど変わらない——は成功を収めた。次に「シビック」が続き、その直後、オイル・ショックが訪れた。それから先のいきさつは、皆がよく知るところだろう。

２　Ｎ３６０に関心を持った方はウィキペディアを見てほしい（en.wikipedia.org/wiki/Honda_N360）。Ｎ３６０をバッテリーで動くように改造した人もいる。日本の出版社の重役にＮ３６０のことを話してみると、彼らは嬉しそうに笑って、Ｎ３６０への愛を懐かしそうに語ってくれた。「Ｎ」とは「乗り物」の「Ｎ」だが、コロコロと素早く動くため「Ｎコロ」という愛称で親しまれている。

日本の自動車業界は、安価な軽自動車から始まったが、それは広く冗談として受け止められた。その彼らは今や、レクサスを作り、ヨーロッパが誇る最高品質の車にチャレンジしている。[3]

――クリステンセン、スコック、オールワース

ホンダは自動車業界において何者でもなかった。しかし彼らは、多くの消費者に適した車を開発し、足場を固め市場のシェアを獲得していった。彼らは「超小型」を生み出したのだ。

そこでぼくはこう問いたい。

「超小型な電子本って何だろう？」

電子本の現状

紙の本や雑誌は、その形態のおかげで直感的に読み方がわかる。読者が選ぶのは二つだけ――言葉と文化だ。そしてその後は、ひたすら読み進めればいいわけで、読み方は一目瞭然である。[4]

3　オールワース、クリステンセン、スコック「Breaking News: Mastering the art of disruptive innovation in journalism（ジャーナリズムにおける破壊的イノベーションの作法を知る）」ニーマン・レポート、2012年10月

4　2011年に行われたBooks in Browsers会議でぼくは「ひたすら・ページを・進めばいい」というアイデアを提唱した（www.youtube.com/watch?v=7Zl69AfJvM4）。読書アプリにも、紙の本のようなひたすら進めばいいという直感的な読み方を課す／埋め込むべきだ、というものである。

タブレットやスマートフォンでの読み方は、一目瞭然とは言えない。一目瞭然でないが故に、しばしば読み方を説明するチュートリアルが必要になる。

どうしてこんな複雑になってしまったのだろう?

ホーマー

おそらくぼくたちは「ホーマー化」しているのだ。

『ザ・シンプソンズ』の主人公ホーマー・シンプソン(Homer Simpson)は、理想の車のデザインを依頼され「ザ・ホーマー」を作った。全権委任されたホーマーは、車にあらゆるものを付け加えた。クラクションを三つに、子ども用の特別防音円形シート。すでに車にあるものをさらに付け加えていった。もっとクラクションを、もっとカップホルダーを。

製品開発における最も単純な発想とは、「何かを付け加えること」である。それは、古いものを新しいもののように感じさせるいちばん簡単な方法なのだ。難しいのは、製品を「今」の時代のコンテクスト(文脈)から考え直すことである。製品が開発された「あの頃」とはだいぶ変わった「今」の時代から。

5　何十年にもわたって現れ続けてきた、と言うべきかもしれない。技術史的には、より良いデバイスの到来を予期して、電子出版のツールとインフラの工夫と洗練を積み重ねてきた。Bloggerが出現したのが1990年代後半。LiveJournalやジオシティーズも現れた。これらのプラットフォームには時代が追いついていなかった。Twitterもまた、そうして現れたプラットフォームの一つだが、アーカイブには向いておらず、どちらかというと、出版のカテゴリーよりも放送のカテゴリーに入るのではないかと思っている。

ぼくたちの今

出版に従事する人々は、長きにわたり危機に直面している。しかし当然ながら、楽しみなことも起きつつある。無視できない新たな出版システム――伝統からは恩恵を受けず切り離されているもの――が出現している。それも、次から次へと。[5]

数年前、出版のスタートアップ[6]を始める者は、次のどちらかのタイプだった。

1　伝統的な出版システムから切り離された技術者

2　技術者から切り離された伝統的な出版システムの従事者

出版のスタートアップたちが、あの限られた数年間に必要としていたのは両方だった。つまりインフラ設計や製品開発のできる技術者と、コンテンツを管理する出版システムの従事者だったのである。スタートアップたちが求めていたのは――そしてしばしば欠いていたのは――両者の共感だった。

今はまた、事態が変わりつつある。出版従事者たちが扱うコンテンツの重要性が、新たなコンテンツクリエイターの出現により低下してきている。新たなクリ

6　「出版のスタートアップ」がここで意味するものは、「伝統的な」出版との協力を目指すもののことである。つまり、「本」や「雑誌」というアウトプットにこだわる出版社ということだ（本がどんな形態であれ）。「容れ物」にこだわる会社。著者を育てたり、複数の出版社と協力したりする会社。昔のコンテンツをタブレット版にする、もしくはタブレット用のコンテンツを制作することに特化した会社。彼らはBloggerやWordPressとは違う。近いけれども、やはり違う。そこには、ちょっとした、技術的決断の違いがある。

イラスト左　エンボス作業

エイターたちが次々と現れている。[7]

> 歴史に照らして考えると、「The Huffington Post（ハフィントンポスト）」や「BuzzFeed（バズフィード）」などのニュース集約サイトとして始まった新規参入者が、バリュー・ネットワークへと歩みを進めているのは驚くべきことではない。たしかに彼らは、かわいいネコの画像を集めることから始めたかもしれないが、いまやその領域を政治にまで広げ、情報の集積者からオリジナルコンテンツの生産者へと変貌をとげた。さらに、ハフィントンポストの場合、その報道でピューリッツァー賞まで受賞している。
>
> ——クリステンセン、スコック、オールワース

もっと最近の例をとりあげて、このトレンドの進化を見てみよう。

MATTER（マター）

2012年11月14日に創刊されたボビー・ジョンソン(Bobbie Johnson)とジム・ジャイルズ（Jim Giles）による新しい出版物「MATTER」は、この新たな出版のトレンドに参入する者たちが到達すべきクオリティを示す一つの指標となるかも

7　ここには一言付け加えておかなければならない。もちろん多くの出版従事者はいまだ重要である。しかし、「今から」出版のスタートアップを始める人にとっては、動きの遅い出版システムに立脚することにあまり意味はなく、新たなコンテンツのクリエイターたちと組むほうがいい。今のスタートアップにとっては、そのクリエイターたちのプラットフォームになるほうが、既存の出版従事者たちのプラットフォームになるよりもはるかに意味がある。両方を叶えることができれば——君の大勝利！　だが歴史を見るに、それはどうも難しい。

しれない。２０１２年３月、彼らはKickstarter（キックスターター）で２５００人の支援者たちから14万ドルを調達した——Kickstarterは技術系スタートアップのエンジェルラウンドに相当する。[8]

それを元手に、ウェブサイトを立ち上げ、作家や写真家に依頼をし、有料コンテンツと質の高いジャーナリズムが交差する未開の地への冒険を始めた。

彼らは言う。

「MATTER」はウェブサイトでもない、雑誌でもない、本の出版社でもない。「MATTER」は何か別のもの——紙からデジタルへの移行で大きな打撃を受けた、質の高いジャーナリズムの新たなモデルである。長文の特集記事を1本ずつ売り、パソコン、携帯、電子本専用端末、タブレット、様々なデバイスで読めるようにするという我々の取り組みは、良い記事を生み出すために費やされる多大な努力への対価を払うという持続可能な方策となり得る。

ウェブサイトでもない、雑誌でもない、本でもない。なんて喚起的な言葉だろう。ぼくたちが電子出版者として活動している曖昧な世界を的確に表現している。

創刊号は英語で７８２６語だった。サンプルを見ることもできるし、０・99

8　エンジェルラウンドでは、資金援助者に株式譲渡の必要はない。Kickstarterの大きな利点である。「MATTER」のウェブサイトはmedium.com/matter。彼らのKickstarterでのプレゼンの様子も見てみよう（www.kickstarter.com/projects/readmatter/matter）。

ドルで購入することもできる。購入者がもらえるのは次のもの。

・わずらわしさのないウェブ版
・Kindle、iPad、その他読書デバイスへの対応版
・著者とのQ&Aへの参加権

彼らはまた、会員権も売っている——会員は編集委員としても参加できる。「MATTER」は最も価値ある財産を築き上げようとしている。それはコミュニティだ。彼らは野心的で、才能に溢れている。そして彼らは氷山のほんの一角だ。

ウェブサイトでもない、雑誌でもない、本でもない。それが何であろうと、ぼくらはそうしたものを多く目にすることになるだろう——すぐに。

ビジネスにおける装飾模写

装飾模写（スキュアモーフィズム）とは元来、デザインに関わるものだった。デジタルカメラには昔のカメラを模した人工のシャッター音がついているが、その

9 表紙については第二章「表紙をハックせよ」に詳しい。オリジナルは2012年5月

写真左 電子雑誌の「表紙」

理由は、そうしたほうが気持ちいいからである。電子本のアプリに紙の本のようなページめくり機能がついているのは、そうしたほうが親しみやすいからである。

だが、装飾模写はビジネスモデルにも影響を及ぼしている。「MATTER」のような出版社は、古いモノのいい部分――編集の美学、語り方、精巧さ――を用いながら、内容の構成や流通のモデルを変更し、デジタルに適応させている。これはなかなかできることではない。

ビジネスにおける装飾模写は、あるメディアに強く結びついたビジネスを別のメディアに移す決断をしたときに現れる――それは疑いがない。装飾模写は出版ビジネスにも蔓延している。その如実な例が雑誌である。

Newsstand（ニューススタンド）に並んだ表紙を見てみよう。どの雑誌の表紙も読めたものじゃない。これもデザインの装飾模写のように見えるが、それは違う。どんなデザイナーもNewsstandの表紙を見て「完璧だ！発送しろ！」とは言わないだろう。こうした事態は、ビジネス上の決定と、伝統に引きずられたインフラ設計によってもたらされている。[9]

カメラをぐっと引いてみると、事態はより明瞭になる。一般的な紙の雑誌は、

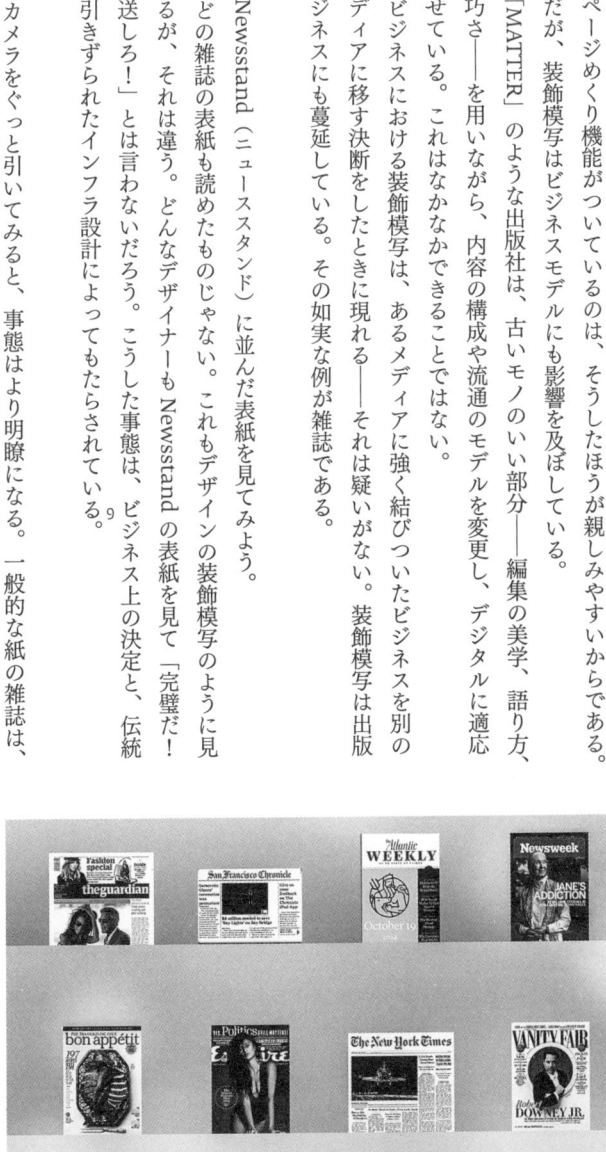

次のような特徴を持っている。

・各号は、12かそれ以上の記事が掲載されている。
・毎月1号のサイクルで発行される。
・すべての記事は1冊にまとめられ、同時に発送される。

こうした特徴のほとんどは、流通と生産上の制約に適応した結果である。印刷と製本には一定の時間がかかる。発送にもまたかなりの時間を要する。内容のタイムリーさと本棚での寿命を考えたとき、月刊は——景気がいいときは——とても理にかなったスケジュールだ。

古きを新しく

ではなぜ電子雑誌は、紙の雑誌と同じスケジュール、同じ記事の数で発行しているのだろう？　しかも同じ表紙を使って？　もちろんそれは、メディアをまたいでも同じスケジュールを保つほうが簡単だからだ。2度もデザインせずに済むからだ。2度も（もしかしたら1度も）テストをせずに済むからだ。

残念ながら——電子本のユーザー体験という観点からすれば——伝統的な枠

10　だが複数のプラットフォームに対応できるようにはするべきだろう——でもこれはまた、別の問題だ。

組みの上に成り立ち、そこから恩恵を受けるような電子向けの雑誌を作ることはほとんど不可能に近い。なぜか？　それはとりわけぼくたちが、タブレットやスマートフォンを、紙の出版物とは全く別物として扱っているからだ。

　新興の出版界に身を置く利点の一つは、複数のメディアにまたがって出版する必要がないということだろう。[10] 電子出版に特化して正面から取り組むことができるし、たぶんそうするべきなのだ。おそらくやがては——市場の需要とコンテンツの品質が伴えば——電子的な出版物に紙というはっきりした輪郭を与えた作品集を出すことができるようになるはずだ。

　じゃあ、いわゆる「電子向け」の特徴って何だろう？

「超小型」宣言

超小型出版のツールは何よりもまずわかりやすいものである。

説明を（ほとんど）必要としない。

見ただけですぐに理解できる。

編集とデザインは、デジタルでの流通と消費を意識して決定される。

それは、テーブルの上に出版技術を並べて、次の問いに答えた結果である――この材料で作れるいちばんシンプルなツールはなんだろう？

それは、いわば、リトルＮ３６０だ。

超小型出版ツールと編集美学の特徴としては、さしあたり次のようなものがある（これがすべてではない）。

・小さな発行サイズ（1号あたり3〜7記事）
・小さなファイルサイズ
・デジタルでの流通を意識した購読料
・流動的な発行スケジュール
・スクロール（ページ割やページめくりといったページネーションは不要）
・明快なナビゲーション
・ＨＴＭＬ（系）ベース
・オープンウェブ

これらの特徴は互いに影響を与え合っている。それぞれ詳細を見てみよう。

11　おそらく、消費しやすくするためにデータを制限するという方法を最もうまく活用しているのが Facebook だろう。Facebook のニュースフィードは、情報の文脈化、そしてデータのフィルタリング機能をもつ現代の奇跡と言えるが、そのことはほとんど注目されていない。このアルゴリズムはどのユーザーにも適用されていて、ユーザーにとって必要なフィードの速度と密度を保っている。「伝統的」な出版界での議論とはほとんど関係がないが、考え続ける価値のあることだろう。

小さな発行サイズ

いちばん簡単で最も直感的に電子出版物の輪郭を実感させる方法は、ユーザーに提示するデータの量を制限することだ[11]。

20個の記事が入った電子雑誌の大きさを直感的に把握することは、たとえば5個の記事が入った電子雑誌よりもはるかに難しい。記事数を少なく抑えることは、ファイルサイズを減らすことや、シンプルなナビゲーションにもつながる。

小さなファイルサイズ

速さは、最近の多くのソフトウェアでひどく軽視されている——電子雑誌も例外ではない。速さ（と滑らかさ、そして快適なユーザー体験）は、実用最小限の製品を作る際、最大限に利用するべきものだろう。

ファイルサイズをできるだけ小さくすることは、製品に速さを与える一つの手段である。1号あたりの記事数を制限すれば、当然のことながら、ファイルサイズの縮小につながる。

適正な購読料

理想的には、電子向けの商品を作り続けるために必要な金額が反映されるべき

A.H.JOCELYN N.Y.

で、紙の雑誌の購読料に影響を受けるべきではない。デジタルファーストの雑誌ならさらに別の利点もある——紙から電子への変換といった作業がないので、余計なお金が必要ないのだ。

流動的な発行スケジュール

各号のサイズが減ると、より流動的な発行スケジュールが可能になる。繰り返して言うが、電子出版物に輪郭を与える、つまり、雑誌の分量を知覚可能なものにするためには、１日10記事出版するよりは、多少ルーズなスケジュールであっても質の高い記事を少数出すほうがいい。扱う内容にもよるが、日刊では細分化されすぎるし、月刊では詰め込む内容が多くなりすぎる。週刊くらいがデジタルの世界ではちょうどよく感じる。

スクロール（今のところ）

２０１２年、Books in Browsers の会議[12]でぼくが話したアイデアの中で最も物議をかもしたのは、ページネーションを排除せよ、というものだった。ぼくはすべてのページネーションが悪だと言っているわけではない。忘れないでほしいのは——ここで話しているのは超小型出版の要点についてだということ。あまり関

12　ウェブブラウザを読書システムとして利用することを検討・推進する会議

係がないことや、あまりに複雑なことはとりあえず削ぎ落として考えるべきなのだ。

ぼくはこの2年半近く、タブレットとスマートフォンにおけるスクロールとページネーションについて分析してきた。レイアウトに左右されない電子コンテンツの場合、ページネーションは簡単にできるかもしれない。だが実際は、そう簡単にはいかないはずだ。

ある種のページネーションでは、アプリは重く複雑になってしまう。美しく、シンプルで、電子向けの、一貫した――そして速い――超小型なものを作ろうとするとき、技術者たちにとってページネーションは高すぎるハードルなのである。

さらに、ページネーションを排除してしまえば、とてもシンプルなナビゲーションが可能になり、ひいては、ユーザーの心理的ハードルも下げることができる。下手に付けるくらいなら、ページネーションはないほうがいい。

明快なナビゲーション

ナビゲーションは一貫していて、簡単に理解できるものであるべきだ。超小型出版のアプリケーションに、込み入った「使い方」のページやチュートリアルは必要ない。有名な役者たちを雇って自慢げにアプリの使い方を説明させる必要などないのだ。紙の雑誌や本と同じように、使い方は直感的で、わかりやすく地に足のついたものであるべきだ。ユーザーに迷いを与えるべきではない。

各号の記事数を制限し、ページネーションを省くことによって、複雑なナビゲーションに陥ることも回避できる。

ＨＴＭＬ（系）ベース

ぼくがＨＴＭＬと呼ぶものには、ＥＰＵＢやMobiやその他のＨＴＭＬ系フォーマットも含まれる。ＨＴＭＬは、すべての文字コンテンツ（そしてインタラクティブ・コンテンツ）にとっての未来のフォーマットとなりつつあることは疑いようがない。超小型出版もＨＴＭＬで行うことにより、各プラットフォームへの移植性や耐用性を確保することができる。しかも、あらゆるコンピュータデバイスには高度なＨＴＭＬレンダリングエンジンが組み込まれているから、技術者たちへの負担も最小化できる。

オープンウェブ

これは単純。タブレット向けに出版されたすべてのコンテンツは、それと同一の内容に触れることのできる場所をオープンウェブ上に構えておくべきである。

公のアドレスを持たないコンテンツは、シェア機能を備えたインタラクティブ

図　シンプルな編集システム

なウェブ上では目に留まることがなく、存在しないも同然である。

出版における「解決すべき問題」

『イノベーションのジレンマ』の著者クレイトン・クリステンセンは、顧客と製品の関係を「解決すべき問題（Jobs to be Done）」理論の観点から分析している。[13]彼は言う。

> 基本的に、人々は何か買うものはないかと探しながらうろついているのではない。人生は成り行きまかせで、問題に直面してからようやく、解決策を探し始める——そしてそのときに、人々は商品やサービスの力を借りようとするのだ。
>
> こうした観点からビジネスを捉えるときに重要なのは、分析の基礎単位とすべきなのは顧客でも製品でもなく、「問題」のほうだということである。

彼は最近の「ニーマン・レポート」で新聞業界の衰退について語っているが、そこで「コーヒーを買うのに並んでいて、10分時間をつぶさなければならない」という身近な例をとりあげている。「時間をつぶさなければならない」という問

図　ウェブでの出版は簡単、タブレットで苦もなく出版することは不可能

題に直面した人々は、それを解決するためにスマートフォンの力を借りて、10分を趣味や学びの時間にあてるのだ。

より現代的な問題

近年の電子出版に目を向けると、そこには、まだまだ、まだまだ、まだまだ満足のできない、解決すべき問題がある。長年ぼくをイライラさせていることの一つに、ウェブサイトや著者や出版社へお金を払って「購読」する際の良い方法がないという問題がある。自分が惚れ込む新しい著者を見つけても、簡単にそしてデジタルに合った形で、コンテンツにお金を払えることはほとんどない。

ＲＳＳのデータ保存と配信の構造は購読に適しているが、「一般の」消費者目線からすると、ＲＳＳは何のことだかわからない代物だろう（githubのないgitのようなものだ）。実際の消費者に寄り添った、より良いＲＳＳを作ることが問題解決につながるだろう。

いわゆる「購読」は、配信後すぐに届き、手軽で、配信時期がわかっていて、きちんと動き、保存できるもののことを言う。「購読」は、内容に対する対価という側面もあるが、実のところ、「購読」という問題に対して、著者や出版物が提供する解決策にお金を払っているのである。ぼくたちは結果として内容を受け

13 「解決すべき問題」についての詳細はjobstobedone.org

取っているに過ぎない。

システムの概要

手始めに、パソコン上での最もシンプルな編集システムについて考えてみよう。三つの欄がある。「号」の欄、「記事」の欄、そして「記事内容」の欄。「号」をクリックすると、その号の「記事」が現れる。「記事」をクリックすると、その記事内容が現れる。そして「出版」ボタンがある。それだけ。

ではどこに出版するのか?

オープンウェブ

ほとんどのコンテンツは——たいていの場合——誰でもアクセス可能な公のアドレスを持って初めて利益が生まれる。なのでどう考えてもオープンウェブ上には最初に出版するべきである。

そしてそれはとっても簡単。ぼくたちはこの20年近くその方法に親しんできたし、ウェブ上での出版ツールは大量に用意されている。

ウェブはまず第一に読みやすいし、アプリのダウンロードやメール購読へと導いてくれる。しかし何をするにしても、読みにくくだけはしてはいけない。読みにくくなるとシェアされにくくなる（読みにくいものは誰もシェアしたがらない）――シェアされることこそが、ウェブ上での出版の目的なのだから。

タブレットとスマートフォン

パソコン――オープンウェブ――での出版は簡単だ。タブレットとスマートフォンはまだ難しい。タブレットとスマートフォンは、デスクトップやノートパソコンとは使用目的が違う。スマートフォンのユーザーはコンテンツをサクッと「かじって」手軽に消費したいのだ。いつもウェブがコンテンツにアクセスする最短の方法だとは限らない。ウェブには（たいてい）キャッシュ機能がなく、インターネットに接続していないとアクセスすることができない。

シンプルに考えるために、ここではiOSデバイスに向けた出版に焦点をあててみよう。編集システムから自然に、ごくスムーズに読者へとコンテンツを届けるシステムはないものか……。

Newsstand（ニューススタンド）

あ！　あるじゃないか――AppleのNewsstandが。

え、AppleのNewsstand？「それって、あのひどい代物が並んでいるところ？」そう言う声が聞こえてくる。あるいは、「ああ、1回も開いたことないあれね！」という声が。

Newsstandはおそらく、この短いタブレットの歴史の中で最も活用されていない、そして最も見過ごされている流通ツールだろう。しかし、見方や考え方をちょっと変えてみれば、Newsstandの魔法のような力に気がつくはずだ。Newsstandは、自動ダウンロード機能を備え、オフラインでも使用可能で、キャッシュ機能も備えたＲＳＳリーダーで、購読に適した容れ物なのである。しかもお金を払うこともできる。

Newsstandは、「解決すべき問題」に、シンプルな解答を与えている。

「The Magazine」

そこで再び、「The Magazine」である。

この雑誌のクリエイター、マルコ・アーメント（Marco Arment）は次のように語っている。

「The Magazine」は「雑誌業界」に位置するものとは思っていない。ブログが「出版業界」に位置しないのと同じように。それらは古く、確立されたイメージだが、この雑誌はもっと新しく、実験的なものなのだ。

彼はさらにこう続ける。

> 多くのiPad雑誌は、紙の習慣に引きずられて、不必要に多くの、そして高価な内容を提供している。電子向けに作られた雑誌でさえ、紙時代の余分な要素を、必要だと思って素直に取り入れている。[14]

ある意味で、マルコはN360を生み出した。彼は真にタブレット向きの超小型出版物をデザインし、プログラムしたのである。

・各号4〜5記事のみ
・各号の大きさは数メガバイト以下。ダウンロードに数分や数時間かかる多くの電子雑誌とは違い、数秒でダウンロードできる
・購読料は月1・99ドル

写真　ハンバーガーボタン

・Newsstand経由でプラットフォームへスムーズに配信される
・出版は月2回
・ページネーションなしのアプリケーション
・ナビゲーションは一貫していて、完全に直感的
・ＨＴＭＬベース

ユーザーインターフェースとユーザー体験

これはいたってシンプル。メインスクリーンには三つの選択肢がある。

・上下にスクロールして記事を読み進める
・右上のボタンを押して今読んでいる記事をシェアする
・左上のハンバーガーボタンを押して目次を表示する

それだけ。それ以外何もできない。

もう少し深く考えてみると、機能はさらに減らすことができる。シェアボタンが使われることはほとんどないだろう。ハンバーガーボタンだって余分だ。左から右へとスワイプすれば目次は表示できるのだから。

「The Magazine」は使い方のページも、チュートリアルビデオも必要としない。このアプリは、これまでぼくたちが親しんできた紙の本の直感的な操作性をまねて作られている。

各号

各号のサイズを小さく保つことで、「The Magazine」は目次の複雑さが省けている。各記事の長さを「縮小表示」したり見取り図に表したりする必要はない。1号につき四つか五つの記事だけならば、読者は分量の輪郭を直感的に把握することができる。目次はシンプルなリストだけでいい。

各号はスワイプすれば削除でき、一覧からだるま落としのように消えていく。削除した号をタップすれば、数秒でまたダウンロードできる。

リンク

「The Magazine」はリンクの扱いも優れている。リンクをタップすると、リンクの注釈版が画面下部に現れる（iPadの場合はポップオーバーで表示される）。脚注を効果的に使える。著者はリンクの内容を要約し、読者はそれを見て、元のURLへアクセスしたいと思ったら、もう一度タップすることでそのサイトを訪

14 マルコ・アーメント「Foreword（序文）」The Magazine、2012年10月

れることができる。

結果として非常に「安定した」読書環境になっている。そこには間違って押してしまうボタンもない。どこにいるかわからないなんて混乱もない。「The Magazine」には二つの場所しかない。記事を読む画面、そして横にスワイプして出てくるシンプルな目次だけ。

Newsstand

「The Magazine」を見ていていちばん驚くのは、Apple の Newsstand の活用法かもしれない。Newsstand は二つの決定的な機能を果たしている。

・コンテンツの自動ダウンロード
・定期購読

サードパーティのアプリの内容更新が自動ダウンロードされるのは、iOS の中では Newsstand だけだ。これが何を意味するかというと、マルコが「The Magazine」の出版ボタン（名前はなんであれとにかくそれに相当するボタン）を押すと、ほとんど同時に新しい記事が Newsstand で読めるということだ。つまり

イラスト　液圧プレス

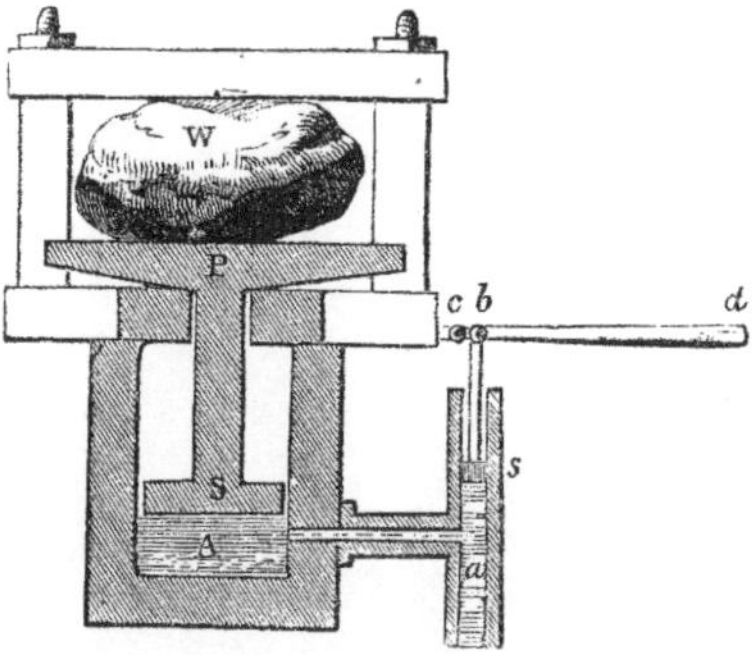

読む側は、飛行機や地下鉄に乗る前に焦って最新情報に更新する必要がないのである。最新号が出れば、キャッシュされたデータがあなたを待っていて、オフラインで楽しめる。

Newsstandはまた、複雑さを省いた安心できる支払いシステムを持っている——ぼくたちはマルコではなく、Appleに支払うのである。このシステムにより読者は自由に購読を始めることができるし、その後で——スムーズに——自動更新の月額払いへと移行できる。

オープンウェブ

そして最後に——当然ながら——「The Magazine」はウェブでも公開される。the-magazine.orgは二つのことに焦点を絞り、最小の装備で最大の効果を目指している。読んでもらうこと、そしてダウンロードしてもらうことである。

今の段階では、すべての記事をオンラインで読むことはできない。ぜひ、全文公開と部分公開とでA／Bテストできればと思う。ぼくの直感では、全文公開しても、アプリをダウンロードし購読する人の数は変わらない。だけど、全文公開すればシェアの数が飛躍的に伸びるはずだ。

ユーザーは、部分公開のものより全文公開の記事をシェアする傾向がずっと高

写真左「The Magazine」のメインページ

い。シェアの数が増えれば、サイトを訪問する人の数が増える。サイトを訪問する人の数が増えると——コンバージョン率（顧客転換率）が変わらないとすれば——ダウンロードや購読者の数も増える。

クリステンセンの「解決すべき問題」の観点からすると——読者は単に記事全文にお金を払っているのではなく、「The Magazine」が提供する、キャッシュされ、シンプルで、洗練された、この上なくアクセスしやすい読書体験に喜んでお金を払っているのである。

「コンテンツは出版されてどこに行く?」超小型編集システムが提起した問いに、「The Magazine」はほんのわずかなスクリーンで答えている。

簡潔さ

「The Magazine」の簡潔さには胸が踊る。簡潔なだけでなく、かつての出版従事者たちが尻込みしていたようなアプリだからさらに胸が踊る。こういうものを待っていた。再び、クリステンセンから引用する。

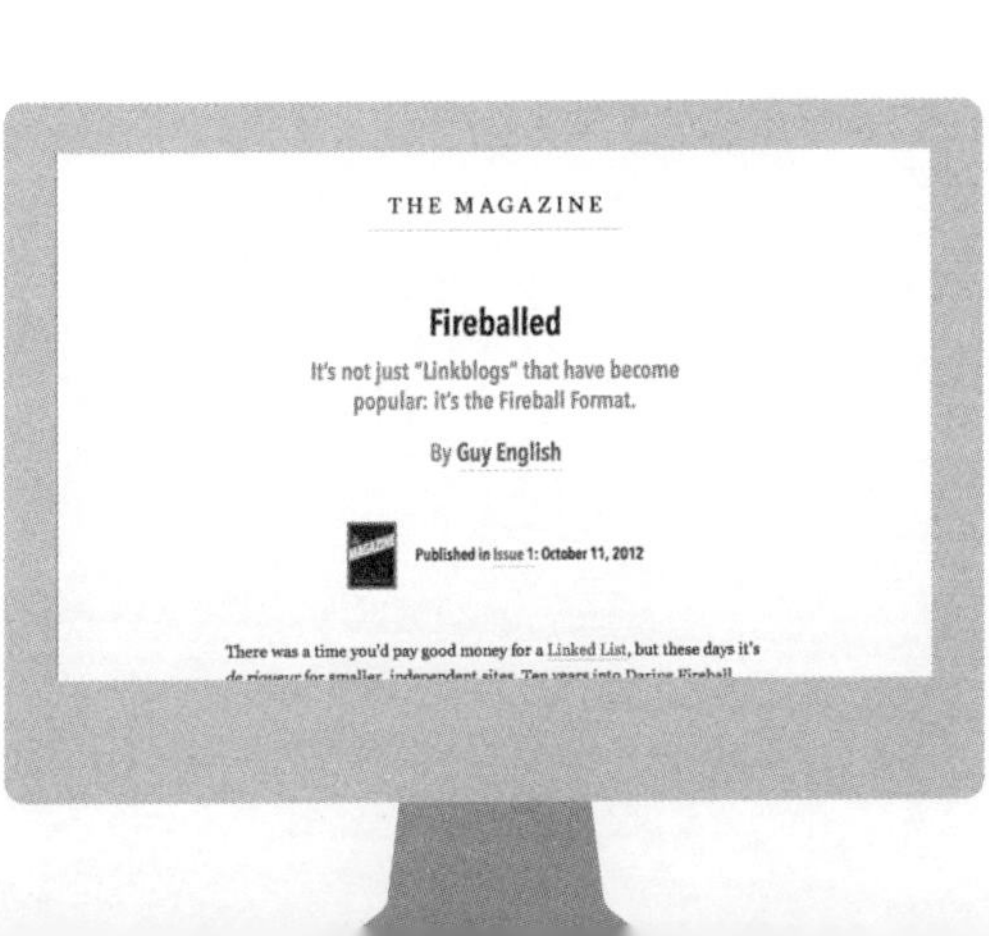

一般的に、破壊的テクノロジーはメインの市場で確立された従来の製品に比べると性能が劣る。しかし、そこにはわずかな（そしてたいてい新しい）顧客価値が生まれるという別の利点がある。破壊的テクノロジーに基づいた製品は、概して既存の製品より安く、シンプルで、小さくて、そして多くは、使いやすいものである。

ぼくたちは新しい顧客だ。新しい読み手で、新しい書き手で、新しい売り手だ。「The Magazine」は他のアプリより安く、シンプルで、小さくて、使いやすい。

「The Magazine」のようなミニマルな容れ物が、探究心旺盛な「MATTER」の編集美学と結びつくことは想像にかたくない。そこにはより魅力的なものが生まれるはずだ。

じゃあどうして「MATTER」はNewsstandで出版しないのかって？ それは、Newsstandに「iOSアプリケーションを作らなければならない」という最大のハードルがあるからだ。出版を目指す多くの人にとって、アプリ制作は非常にコストのかかる試みなのである。それから、さらにやっかいなことに、出版を目指す人たちはたいていソフトウェアに疎いのである。

プログラマのマルコが、最も「電子向きの」タブレット出版物を刊行したとい

写真左　シンプルで、直感的な、分量の輪郭を把握できる目次

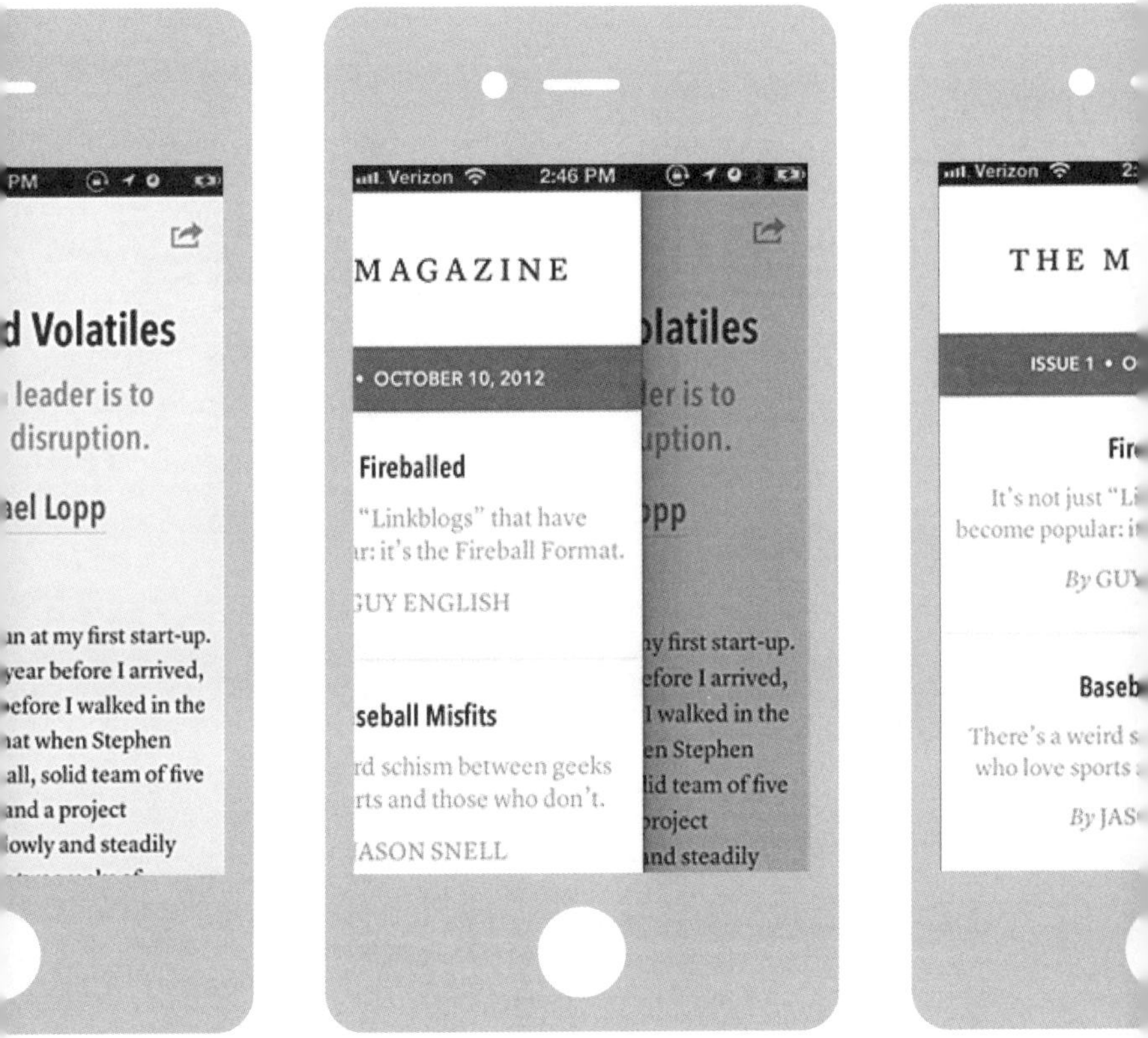
Verizon
2:46 PM
MAGAZINE
OCTOBER 10, 2012
Fireballed
"Linkblogs" that have
r: it's the Fireball Format.
GUY ENGLISH
seball Misfits
rd schism between geeks
rts and those who don't.
JASON SNELL
d Volatiles
leader is to
disruption.
ael Lopp
n at my first start-up.
year before I arrived,
efore I walked in the
at when Stephen
all, solid team of five
and a project
lowly and steadily
THE M
ISSUE 1
It's not just "Li
become popular: i
There's a weird s
who love sports

う事実は、二つのことを示唆している。

1　プログラマは現代の奇術師である。多くの業界でそれは明らかだが、ついに出版界でもそのことが明らかになりつつある。マルコがすぐに「The Magazine」を生み出すことができたのは、Newsstandが十分に活用されていないこと、そして可能性を秘めていることを知っていたからだ。そしてそのことを知っていたのは、彼がプログラマだったからだ。Newsstandが発表されたのは出版会議においてではない。NewsstandはＷＷＤＣ（世界開発者会議）で発表されたのである。

2　出版のエコシステムは今、完全な崩壊を目の前にしている。

ポール・グレアム（Paul Graham）は「Startup Ideas（スタートアップのアイデア）[15]」というエッセイの中で、マルコのようなプログラマを指して、自発的生産者と呼んでいる。

> ハックの方法を知っているということは、アイデアを思いついたとき、それを実装できるということだ。そうすることが絶対に必要という訳ではないが（ジェフ・ベ

15　ポール・グレアム「Startup Ideas（スタートアップのアイデア）」paulgraham.com、2012年11月

ゾスもできなかった）、利点ではある。そしてそれは大きな利点なのだ。学生たちの顔写真をオンラインで公開しようなんてアイデアを思いついたとき、「それは面白いアイデアだ」と考えるだけでなく、「それは面白いアイデアだ。今夜試作版を作ってみよう」と考えることができる。自分がプログラマであるだけでなく、想定ユーザーであるとなお良い。なぜならそうすれば、新しいバージョンを作ってユーザーで試すというサイクルが、一つの頭の中でできるからだ。

マルコはただの出版志向のエンジニアなのではない。彼は超小型出版界の大物なのである。彼はいわゆる「出版」従事者たちの輪の外側で幸せに過ごしている。そのスタンスで、ポッドキャストや、雑誌や、読書アプリや、キュレーションした読書リストの作成を行って……それらをすべて小さな容れ物にシンプルなツールで包み、発表している。

未来の出版界の破壊者になるには、テクノロジーに目を開く必要がある。たとえ自分がテクノロジーに向かない人間だとしても。

破壊と混乱のただ中で

ぼくたちは今、分水嶺に立っている。ツールとシステムの洪水が押し寄せている。それらはこれまでの出版システムとは関係がなく、これから湧き上がる新しい波に関係している。

ポール・グレアムのエッセイを再び引用しよう。

> スタートアップが既存のシステムを飲み込むとき、総じてスタートアップは、大企業が無視している小さいが重要な市場に仕えることから始めている。大企業の態度に軽蔑のようなものが見られたら特に良い。なぜならそうした軽蔑は、大企業を誤った方向へと導くからだ。

現状のツールはまだ少しずさんで、まだ少しダサいし、過去を引きずり過ぎている。「The Magazine」は、Newsstand――活用されていない既存のツール――を電子に適したスムーズな配信ツールとして活用した、超小型出版の最初の優れた例である。

多くの出版社が、似たような雑誌を立ち上げなかったとしたら驚きだ。いや、むしろそれでいいのかもしれない。「The Magazine」のような Newsstand 用アプリを――最小のコスト、最小の労力で――誰もが作れるようなシステムを、誰かが開発してくれるのなら。

無視するのは簡単だ。

軽蔑する人もたくさんいる。

でも、世界を揺るがす側の人間になってみてはどうだろう?

電子出版のネジやバネ、ドライバーやボルトを持ち寄って、古いテーブルに並べる。ハシゴを登ってテーブルを見下ろし、自分に問いかける。

「どんな超小型出版を作ろうか?」

第五章

キックスタートアップ

kickstarter.comでの資金調達成功事例

2万4000ドルを30日で
部屋いっぱいの本を60日で
新しい形の出版を90日で

出版はどこへ行くのか？

ぼくたちにはKindle、iPad、iPhone、Androidがある。オンデマンド印刷は安い――そして使い勝手がいい。誰もがAmzaonでモノを買う。ほとんどの本がワンクリックで手に入る。

現代の出版界は「?」の木々に囲まれている。何をもって美しい本と呼ぶ？　それは印刷されたもの？　デジタルのもの？　美しい本を作るには、どれくらい（時間が、お金が、手間が）かかる？　どうやって読者に届ける？

こうした様々な疑問が浮かんでくるのは、今ぼくらの目の前に様々な選択肢が広がっているからだ。印刷、宣伝、販売が低コストでできるようになったことで、出版への参入障壁が格段に下がった。

メディアは選ぶもの。

読者は作るもの。

1　アメリカのクラウドファンディング・サービスの一つ

2　Amazon（3％）とKickstarter（5％）の手数料を除くと2万1000ドル強

そして今ではKickstarter[1]（キックスターター）を使って、資金を集めることもできるようになった。

ここでぼくは、本の、出版の、資金調達の、シード・キャピタル（ベンチャー投資）の物語をシェアしたいと思っている。この物語を読むことで、こうしたトピックへの考え方が変わることを願う。そしてまた、この物語が一つのテンプレートとなることを願う。

２０１０年4月、アシュレイ・ローリングス（Ashley Rawlings）とぼくは、クラウドファンディングを使い2万４０００ドル近く[2]の資金を調達した。ぼくらの本『Art Space Tokyo』の再出版をするためだ。ここでは、ぼくたちが何をしたか、どういう意図を持っていたか、その概要を説明したい。やる気に満ちてウズウズしているどこかの良い語り手がインスピレーションを得て、ぼくらと同じ道を進むことを願いながら。美しく、配慮の行き届いた本が、この世界に生まれるように。

物語は２０１０年3月29日、日本標準時午後10時18分から始まる。その瞬間、ブルックリンのアパートに住んでいる１人の女性がドミノの最初のピースを倒した。彼女の65ドルの支援が、1ヵ月に及ぶ資金調達の口火を切り、部屋いっぱいのハードカバー本と出版シンクタンクを生み出し、iPad向けの電子本の実験を開始するきっかけとなった。ああ、それから、このエッセイのきっかけにも。

プロジェクト『Art Space Tokyo』

それは1冊の本から始まる。

『Art Space Tokyo』は、東京の知られざるギャラリーや美術館を紹介するガイド本だ。編集者であり共著者であるアシュレイ・ローリングスとともに2008年に制作した。本は1年も経たずに完売したが、増刷されることはなかった。

制作に多大な労力をつぎ込んだこの本は、ぼくたちにとって大切なものである。そしてまた、ぼくにとってはとくに大切な本である。なぜならこのプロジェクトは、出版や印刷、そしてモノとしての本に対するぼくの理念を体現するものになったからだ。

「「iPad時代の本」を考える」[3]を書いていたとき、主に念頭にあったのは『Art Space Tokyo』だった。『Art Space Tokyo』は全体として完成された書物だ——編集、デザイン、製本における職人の技が隅々まで行き届き、均整がとれている。

3 本書第一章

4 第一章参照

完璧ではないとはいえ、完成したときは誇りに思ったし、今でも誇りに思っている。

2009年はほとんどずっと、出版におけるデジタルとアナログの収束地点について考えていた。そして2010年に入り、その話題について公の場でスピーチをしたり、記事を書いたりするようになった。インディペンデントの出版の世界で悪戦苦闘してきたぼくなら、仲間たちを刺激して、誰もが抜け出せないでいる出版業界の因習の見直しを迫ることができるかもしれないと思った。ぼくたちの多くはマスマーケットを相手にした出版社のようにものを考えていたのである。そうでないにもかかわらず。

2010年の春、いくつかの偶然が重なり『Art Space Tokyo』の出版権を買い戻すことができた。それはとても心躍る出来事だった。自分がこれまでに書いてきたことを実行に移すチャンスだと思った。印刷の特長を最大限に生かした紙の本を作ること、それから様々な「明確な形を伴うコンテンツ」（インタビュー、地図、エッセイ、イラスト、表形式のデータなど）[4]を電子本用に最適化すること。

出版権を得たぼくに残された問題はただ一つだった。

どうやって資金を集める？

資金調達の友「kickstarter.com」

2009年の半ばにKickstarter の話を聞いた瞬間、ぼくはそれを利用してみたいと思った。ただ、何の機会に利用するかはまだ決まっていなかった。でもそれはささいな問題で——『Art Space Tokyo』の出版権獲得がその問題を解決した。kickstarter.com はクラウドファンディングのサイトだ。アカウントを作成し、プロジェクトの詳細を明記し、資金調達の期間と目標金額を設定する。Amazonのアカウントを持っている人なら世界中の誰でも、プロジェクトに対して金銭支援をすることができる。支援金額も何段階かに分かれていて、金額に応じたリターンがある。期間内（変更がきかない）に、あらかじめ設定した目標金額（変更がきかない）に到達しなかった場合は、誰もお金を払わない。設定期間よりも前に目標金額に到達した場合は、最終日まで資金を集め続けることができる。

このシステムは、いくつかの点で興味深い。

バッカー（プロジェクト支援者）は、そもそも損をすることがない。プロジェクトが達成されなければ、お金を払わなくていい。達成されたときは、リターンがもらえるだけでなく、プロジェクト達成までの道のりを見守る満足感を得ることができる。

写真左　ぼくたちが新たな生命を吹き込みたいと願った本。そしてぼくたちは成功した。手に入れたい方はartspacetokyo.comへ！

Art Space
Tokyo

SCAI The Bathhou
SCAI THE BATHHOUSE

こうしたシームレスなプロセスは、Kickstarter が Amazon 経由で支払いを行うことによって実現している。Amazon はそこで、商品の受け渡しと代金の支払いを行う第三者機関（エスクローサービス）として機能している。目標金額を達成すると、設定期間が過ぎた瞬間、魔法のように自動的に金額が振り込まれる。

クリエイティブなプロジェクトにおいて、金額設定には三つのポイントがある。

・作りたいものの最小規模を正確に把握しておくこと
・その最低限の目標を達成するためのコストを計算しておくこと
・そして、ソーシャルネットワークの力を見極めること。つまり、現実的にどれくらいの金額が集まるかを考えておくこと

マイクロ・シード・キャピタル

Kickstarter におけるプロジェクトの目標として、どうしても外せないことがあった。それは、実物をリターンとして渡せるだけの冊数を刷ること。そしてそのリターンを『Art Space Tokyo』や似たような出版企画の拡大につなげること。
本をちょっと売って終わりにする気はまったくなかった。この Kickstarter で

のプロジェクトを『Art Space Tokyo』再販の始まりであり終わりにしてしまうのは絶対に嫌だった。『Art Space Tokyo』のような精神を持ったプロジェクトが次から次へと生まれる突破口にしたかった。電子本の探究と、それを目指す出版スタートアップが支援を得られるきっかけに。

つまり、ぼくはこれをマイクロ・シード・キャピタル（小額のベンチャー投資）だと考えていた。Kickstarter での資金調達をこの視点から考えなければ、クラウドファンディング最大の可能性を見落とすことになる。

Kickstarter のようなクラウドファンディングを通じて、人々はあなたのアイデアに事前投資している。たしかに彼らは形のあるもの――CDや映画や本など――を買っているのだが、それ以上に、彼らはあなたというクリエイターを信じているからお金を払っているのだ。簡単に達成できる目標のその先を考えるとき、あなたはそのお金を使ってアイデアを――プロジェクトを――最初に心に描いていたものよりもさらに遠くへ押し進めることができる。だからどんなときも、自分がアイデアの当事者であることを放棄せずに済む。ここに――アイデアの当事者であることを手放さずにいられるマイクロ・シード・キャピタルであるということに――Kickstarter での資金調達の可能性が広がっている。

価格帯を決める

Kickstarterでの支援価格帯を設定するにあたり、まずは他の成功事例を研究することから始めた。2010年3月までのKickstarterにおけるトップ20〜30のプロジェクトのデータを集め、価格帯ごとの支援者数、合計金額、全支援金額に占める割合を一覧にした。次の表のうち太字の欄が、合計金額トップ5の価格帯だ。

このデータは、もちろん、完璧なものとはほど遠い（たとえば、すべてのプロジ

価格帯	支援者数	合計金額 $	割合 %
$10,000	2	$20,000	5.58%
$7,500	1	$7,500	2.09%
$2,500	6	$15,000	4.19%
$2,000	2	$4,000	1.12%
$1,500	1	$1,500	0.42%
$1,000	12	$12,000	3.35%
$750	9	$6,750	1.88%
$500	**60**	**$30,000**	**8.37%**
$300	8	$2,400	0.67%
$250	**92**	**$23,000**	**6.42%**
$200	25	$5,000	1.40%
$150	142	$21,300	5.94%
$125	14	$1,750	0.49%
$100	**586**	**$58,600**	**16.35%**
$80	20	$1,600	0.45%
$75	2	$150	0.04%
$60	40	$2,400	0.67%
$50	**1,699**	**$84,950**	**23.71%**
$35	14	$490	0.14%
$30	489	$14,670	4.09%
$25	**1,253**	**$31,325**	**8.74%**
$20	134	$2,680	0.75%
$17	94	$1,598	0.45%
$15	248	$3,720	1.04%
$12	37	$444	0.12%
$10	352	$3,520	0.98%
$5	391	$1,955	0.55%
総計	5,733	$358,302	

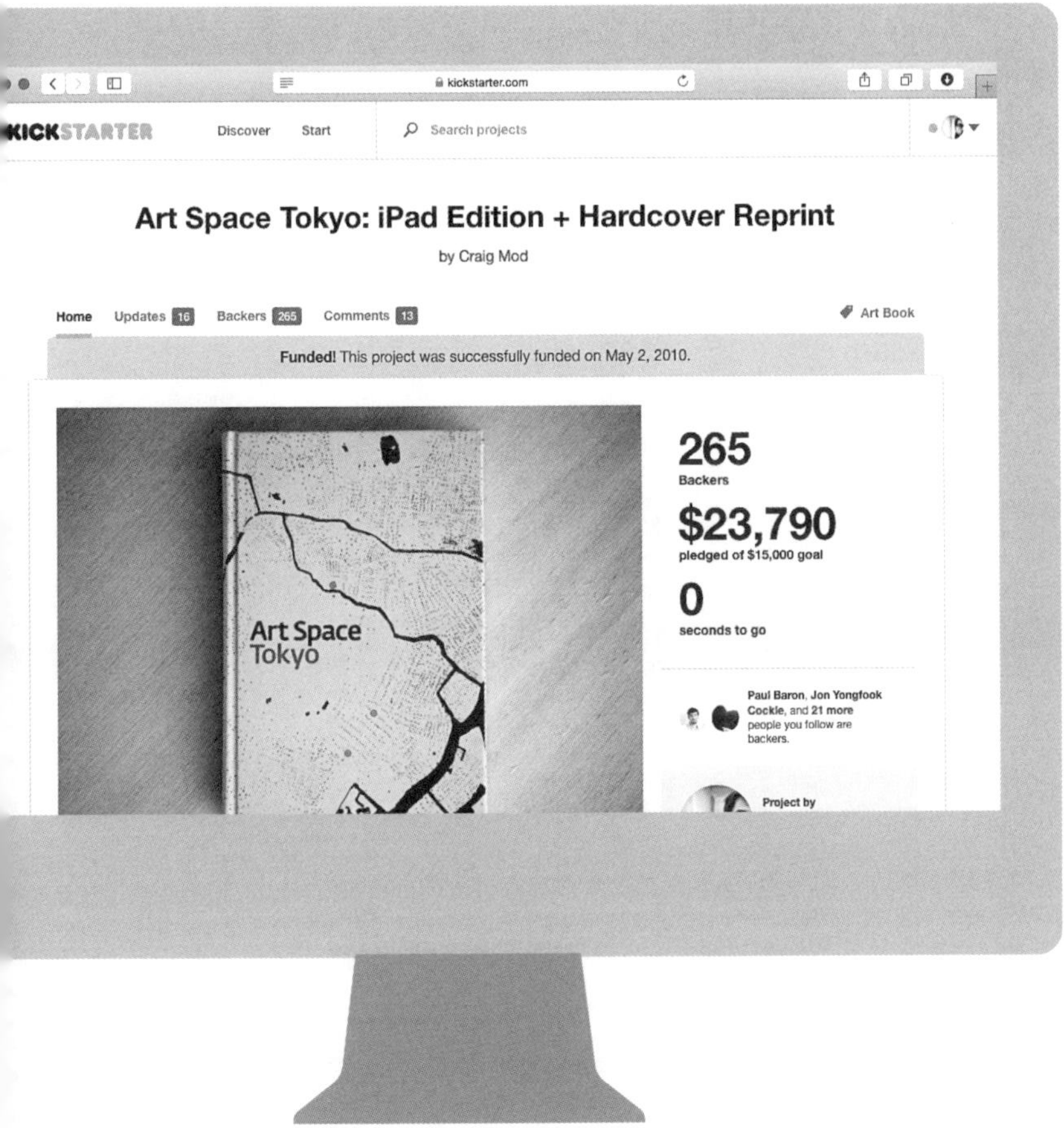
kickstarter.com
KICKSTARTER
Discover
Start
Search projects
Art Space Tokyo: iPad Edition + Hardcover Reprint
by Craig Mod
Home
Updates 16
Backers 265
Comments 13
Art Book
Funded! This project was successfully funded on May 2, 2010.
Art Space Tokyo
265
Backers
$23,790
pledged of $15,000 goal
0
seconds to go
Paul Baron, Jon Yongfook Cockle, and 21 more people you follow are backers.
Project by

ェクトが表に載っている価格帯を設定していた訳ではない）。とはいえ、人々がどの価格帯を受け入れやすいかを知るには十分だ。

50ドルの価格帯がトップで、全体のおよそ25%を占めた。驚くべきことに、次いで１００ドルが16%、そう離れていない2位につけている。25ドルもやはり一定数いるが、このデータで注目すべきは、人々は気に入ったプロジェクトには50ドルやそれ以上の金額を払うのをいとわないということだ。

１００ドルを超えて２５０ドルや５００ドルでも同じことが言える。それらの価格帯の合計金額は、他の高額な価格帯に比べると高い割合を占めている。

低めの価格帯――25ドル未満――は統計的に有意でない（合算しても全体の5%に満たない）ため、選択肢から除外することをお勧めする。もちろんそれはプロジェクトにもよる――５ドルの価格設定に意味がある場合もあるだろう。ただここで重要なのは、データからすれば人々は25ドル払うほうを好むということだ。

価格帯を多く設けすぎると、支援者を減らしかねない。何十もの価格帯を設定したプロジェクトを見たことがあるが、どうかそれは避けてほしい。人々はあなたにお金を渡したがっている。そんな人々を、選択肢を増やしすぎて「選択のパ

from: Craig Mod and Ashley Rawlings <yes@bookswemake.org>
to: "yes@bookswemake.org" <yes@bookswemake.org>
date: Thu, Apr 8, 2010 at 3:40 PM
subject:『Art Space Tokyo』再版、そして新たに iPad 版も！

この出版プロジェクトについて：
このプロジェクトは、今注目のクラウドファンディング・サービス「Kickstarter」を使いコミュニティの支援によって『Art Space Tokyo』という本を再出版しようという試みです。
Kickstarter はオール・オア・ナッシング。5 月 1 日までに目標金額の 1 万 5000 ドルを調達できなかった場合、本は出版されず、みなさんの口座から支援金が引き落とされることもありません。

本について：
『Art Space Tokyo』は東京の現代アートを知るための、美しいハードカバーの本です。272 ページからなるこの本では、インタビュー、エッセイ、地図、イラストを通して、建築および歴史的観点から東京で最も特徴のある 12 のギャラリーや美術館を紹介しています。
2 色刷りの詳細な地図、豊富なイラストを収録しています。装丁は、しおりやシルクスクリーン印刷の布表紙といったこだわりの仕上がり。
初版の 1500 部を売り切るのには 1 年以上かかりました。けれどこの本を欲しいという人が後を絶たなかったので、出版権を買い戻し、自分たちで再版することにしたのです。

限定再版の予約注文はこちら：
http://cmod.me/ast_kick
Kickstarter のページからの予約注文は、ぼくらのプロジェクトを実現する貴重な支援となります。

予約注文の売上げは、ハードカバー版の印刷部数拡大、内容を追加した美しい iPad 版の出版のための資金となります。
繰り返しになりますが、支援はオール・オア・ナッシング。5 月 1 日までに目標金額の 1 万 5000 ドルに達しない場合、プロジェクトは実現せず、支援金が引き落とされることもありません。

皆さんへ：
このプロジェクトへの支援は再版への積極的な参加であり、今回のような小さいけれど大切な文化プロジェクトを実現させる手助けになります。
Twitter や Facebook でこの URL を拡散してください。
http://cmod.me/ast_kick
どうか支援をお願いします。

東京＆ニューヨークより
アシュレイ・ローリングス（Art Space Tokyo 共著者・編集者）
クレイグ・モド（Art Space Tokyo 共著者・デザイナー・出版者）

ラドックス」に陥れてはいけない！　シンプルを心がけよう。現実的な価格帯を5つ、ぼくからすればそれ以上の選択肢は多すぎる。

支援金額の平均はおよそ62・5ドル。この金額は、偶然にも『Art Space Tokyo』の制作費と配送費の試算にとても近かった。そしてまた、支援の価格帯として65ドルを設定したのは正しい判断だったと自信を深めた。

先のデータを考慮しながら決めた『Art Space Tokyo』の価格帯と合計金額の結果が以下の表だ。

見事な分散だ。統計的には少ないものの、25ドルを設けていたことで、この本（初版）をすでに持っている人もプロジェクトの支援のためにお金を出してくれた。ある意味、25ドルの価格帯は支援に対する見返りを提供するよりもバッカーたちのコミュニティを強化する役割を果たした。これも重要なポイントだ。ただ資金を調達しているのではない。資金調達の過程を通して支援者たちのコミュニティも形成しているのだ。

他の価格帯は当然の結果だ。65ドルがトップとなったが、データからそうなるだろうとわかっていた。１００ドルは良い「アップグレード」の選択肢だったようだ（１００ドルの支援をしてくれたバッカーたちのほぼ全員が、２５０ドルではなく

価格帯	支援者数	合計金額＄	割合％	リターン内容
$25	28	$700	3%	『Art Space Tokyo』の PDF
$65	155	$10,075	42%	上記＋印刷本
$100	64	$6,400	27%	上記＋本に名前を掲載
$250	11	$2,750	12%	上記＋本にサイン＋限定版手ぬぐい
$850	4	$3,400	14%	上記＋高橋信雅オリジナルイラスト
$2,500	0	$0	0%	上記＋東京デイツアー
総計	262	$23,325		

from: Craig Mod and Ashley Rawlings <yes@bookswemake.org>
to: "yes@bookswemake.org" <yes@bookswemake.org>
date: Thu, Apr 15, 2010 at 10:57 PM
subject: 『Art Space Tokyo』16日で1万6000ドルを達成

皆さんに感謝：

このたび200人の方から支援をいただき、再版が行えることになりました。支援金額は目標の1万5000ドルを超え、もうすぐ1万7000ドルに届きそうです。このプロジェクトへの支援はもはや「賭け」ではなくなりました——確実に出版されます。

皆さんの惜しみない支援と熱の込もった応援に驚いています。Kickstarterを通じてこのプロジェクトに参加してくれたすべての人に、心からの「ありがとう」を。本当に、これほどの反響は予想していませんでした！

支援募集の終了までは、あと16日あります。つまり、制作の進行具合がチェックできるプロジェクト支援者になれるのも、残り16日。支援者として本に名前を載せることができるのも残り16日。布表紙のハードカバー本や高橋信雅氏の原画などのリターンを手にすることができるのも、残り16日です。

支援金はすべて、ハードカバー本の部数拡大とiPad版の出版資金として使われます。

まだ参加を迷っている方は、ぜひよろしくお願いします！

本の印刷は5月、発送は6月の予定です。

この出版プロジェクトについて：
このプロジェクトは、今注目のクラウドファンディング・サービス「Kickstarter」を使いコミュニティの支援によって『Art Space Tokyo』という本を再出版しようという試みです。

本について：
『Art Space Tokyo』は東京の現代アートを知るための、美しいハードカバーの本です。272ページからなるこの本では、インタビュー、エッセイ、地図、イラストを通して、建築および歴史的観点から東京で最も特徴のある12のギャラリーや美術館を紹介しています。
2色刷りの詳細な地図、豊富なイラストを収録しています。装丁は、しおりやシルクスクリーン印刷の布表紙といったこだわりの仕上がり。
初版の1500部を売り切るのには1年以上かかりました。けれどこの本を欲しいという人が後を絶たなかったので、出版権を買い戻し、自分たちで再版することにしたのです。

限定再版の予約注文はこちら。http://cmod.me/ast_kick
Kickstarterのページからの予約注文は、ぼくらのプロジェクトを実現する貴重な支援となります。
予約注文の売上げは、ハードカバー版の印刷部数拡大、内容を追加した美しいiPad版の出版のための資金となります。
繰り返しになりますが、支援はオール・オア・ナッシング。5月1日までに目標金額の1万5000ドルに達しない場合、プロジェクトは実現せず、支援金が引き落とされることもありません。

皆さんへ：
このプロジェクトへの支援は再版への積極的な参加であり、今回のような小さいけれど大切な文化プロジェクトを実現させる手助けになります。TwitterやFacebookでこのURLを拡散してください。http://cmod.me/ast_kick どうか支援をお願いします。

東京＆ニューヨークより
アシュレイ・ローリングス（Art Space Tokyo共著者・編集者）
クレイグ・モド（Art Space Tokyo共著者・デザイナー・出版者）

65ドルを選ぶだろうから)。２５０ドルは、リターンの「手ぬぐい」とは何かをあらかじめ説明していれば、もっといい結果を得られていたかもしれない。８５０ドルはこの本のイラストレーターである高橋さんの作品の愛好者たちにはうってつけのものだった。もしくは、これだけの支援をできる財力を持った人たちがいたのだろう。

２５００ドルという狂気の価格帯を選んだ人はいなかったので、自転車屋／カフェ／美術館／建築／美味しいものをめぐる自慢の東京デイツアーをして、ぼくの脳みそを切り売りすることはなかった。でもそれは、ぼくがツアーガイドになることなんかより、高橋さんの作品を手に入れることのほうがよっぽどいい取引であるという証だった。

支援金額の分析

人はどんなとき物事に取り組むか。（a）物事が新鮮に感じられるとき、もしくは（b）物事の締め切りが迫っているときだ。どちらでもないときは関心を失う。このことを考慮して、資金調達の期間は、当初わずか3週間に設定しようと思っていた。初めの1週間は最初のプッシュで、次の1週間はいわゆる「バッファ（予

from: Craig Mod and Ashley Rawlings <yes@bookswemake.org>
to: "yes@bookswemake.org" <yes@bookswemake.org>
date: Thu, Apr 29, 2010 at 1:48 AM
subject:『Art Space Tokyo』参加する最後のチャンス

最後のチャンスです。
・支援者として本に名前が載る
・シルクスクリーン印刷の限定本を手にする
・高橋信雅氏の原画を手にするか……
・東京のアート・スペースを巡る個人向けワンデーツアーを体験する

残すところあと 3 日：

ひと月前には『Art Space Tokyo』をもう一度世に出せるかどうかわかりませんでした。1 万 5000 ドルを集めるのがギリギリだろうと考えていました。ぼくたち自身、1 万 5000 ドルの資金調達なんて無理だろうと思っていたのです。でもそれは間違いでした。みなさんからの惜しみない大きな支援をもらって、これまで以上に頑張ろうという気持ちです。

ハードカバーの新版を手にするかどうか迷っているなら、今がチャンスです。

これは、ぼくらのプロジェクトへの参加申し込みが残り 3 日であることをお知らせするメールです。メールをお送りしている方々の中で、参加を検討している人がいたら、機会を逃して欲しくはないのです。

本は、5 月初めには印刷に入ります。6 月末までには完成し、皆さんの元へ旅立つ予定です。

このプロジェクトに興味のありそうな人が周りにいたら、URL を教えてあげてください。
http://cmod.me/ast_kick

改めて、支援に感謝します。ハードカバー版を配送し、iPad 版に着手する日を楽しみにしています！

東京＆ニューヨークより
アシュレイ・ローリングス（Art Space Tokyo 共著者・編集者）
クレイグ・モド（Art Space Tokyo 共著者・デザイナー・出版者）

備）」期間、その次の1週間が最後のひと押し。バッファの週はひとえに、「始まりました!!」や「もうすぐ締め切りです!!」と叫ぶ間の精神的休息期間として機能すると考えていた。

結局、設定期間は5週間にしたが、今振り返ると4週間で十分だったのではないかと思う。期間を長めに設定したおかげでブログやウェブマガジン（記事が出るまでに数日か数週間かかる）にとりあげてもらう余裕が生まれた一方で、12日間におよぶ停滞期ができてしまった。もう一度このプロジェクトをするなら、その停滞期間でオンラインメディアに露出することを目指すだろう。

下段右の図は、期間中の1日あたりの支援金額をグラフにしたものだ。いちばん集まったのは初日の3月29日で、１７２０ドルだった。いちばん集まらなかったのは4月20日で25ドル。一日の平均は６９５・８８ドルだった。目標金額に到達したのは4月13日で、開始からわずか16日後のことだった。それ以降、開始直後でもなく締め切り間近でもない関心の薄い期間に入っていく。その期間が、締め切り間近までの12日間の停滞期（濃い部分）と重なる。

真ん中のグラフを見れば、目標金額達成の4月13日までは順調に金額を伸ばしていたことがわかるだろう。

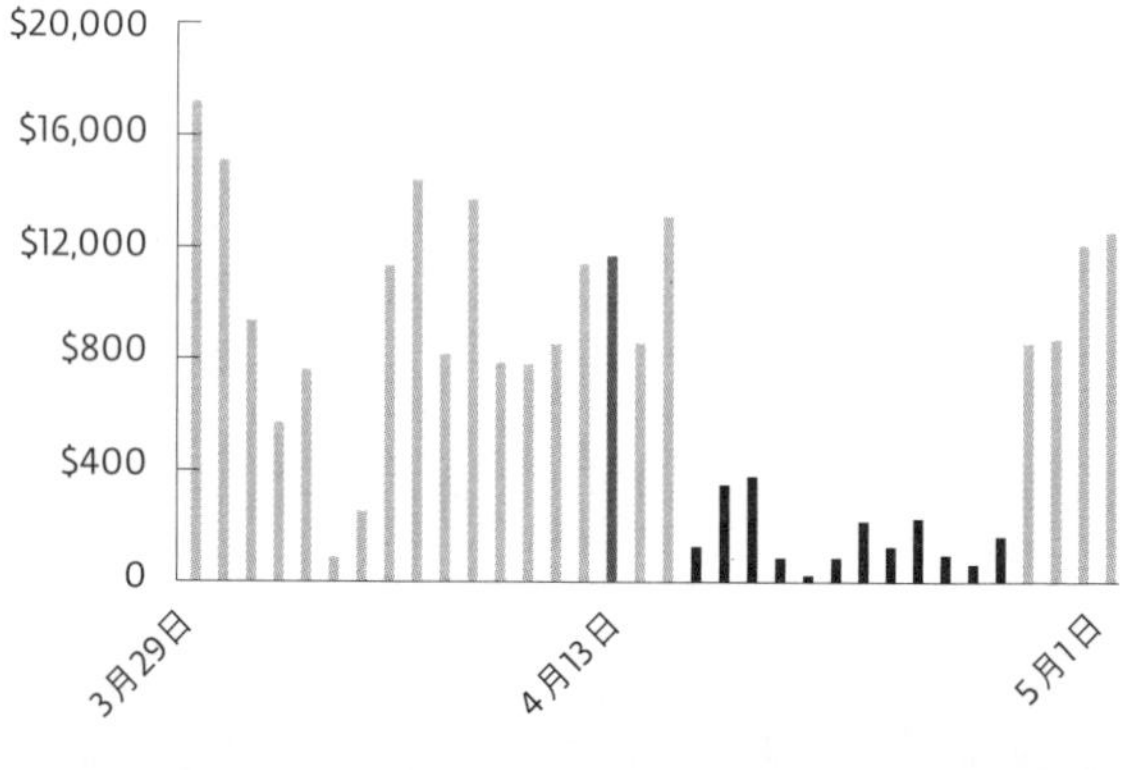

停滞期を除いた場合の合計金額の推移は左下のグラフのようになる。

12日間の停滞期間で得たのはわずか1976ドル、1日平均165ドルだった。全体での1日平均700ドル弱に遠く及ばない（それに、停滞期を除いた1日平均は1000ドル近くだった）。

どうしてそんなことを気にするのか？　2000ドルは2000ドルじゃないか。もちろんそうだ。だけれども、お金を集めない限りプロジェクトを始められないのだから、効率も考える必要がある。効率が高ければ高いほど、高額の支援を維持しやすくなる。期間を長引かせすぎると、情熱が衰えていくリスクが生じてしまう。つまり――あの2000ドルはより短い期間でより効率的に集められたかもしれないのだ。

プロモーションの戦略と活動

『Art Space Tokyo』の編集者であり共著者のアシュレイ・ローリングスとぼくは、主に三つの方法でKickstarterのプロジェクトを宣伝した。

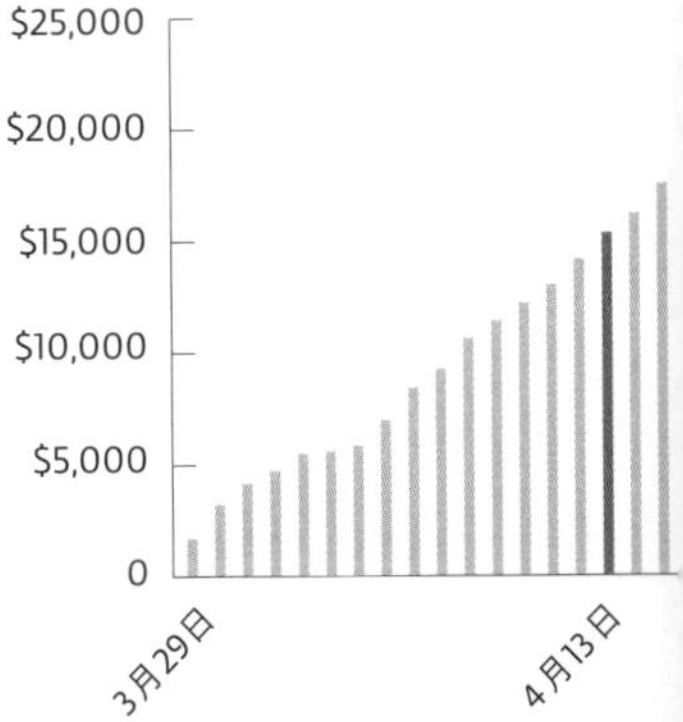

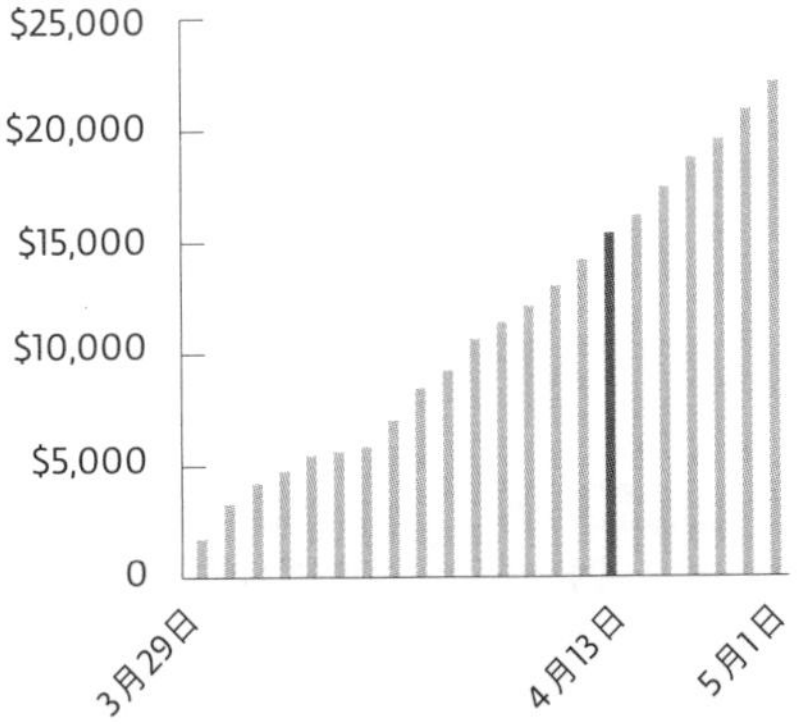

・Twitter と Facebook
・アートおよびデザイン業界にいる人々の膨大な数の連絡先
・オンラインメディア。アートやデザイン業界の人気ブログや雑誌の数々

ぼくたちのプロモーション戦略は以下のようなものだった。

・TwitterとFacebookで定期的に情報を更新する。
・メーリングリストを使って期間の開始直後と終了直前に集中的に宣伝する。
・途中でメーリングリストを使って経過報告を行う——どこかで良い紹介記事が出ていたらそれを目立たせるチャンスだ。
・ネット上から、プロジェクトに関連するオンラインメディアの記事を探す。

Twitter

プロジェクトをキックスタートしたタイミングはこれ以上ないほど完璧だった。世界中の多くの人が、東京にいる何者かわからない男が語る本の未来について突然関心を示し始めたのだ。ぼくの話に聞く耳を持つ人が増えたことにより(主にTwitter経由)、『Art Space Tokyo』のプロジェクトに関心を持ちそうな熱心な

5 topsy.com/trackback?url=http%3A//www.kickstarter.com/projects/179073215/art-space-tokyo-ipad-edition-hardcover-reprint

聴衆を新たに獲得することとなった。プロジェクトに関連するツイートは定期的に行ったものの、その数は最小限にとどめるよう心がけた。Twitter のタイムラインを『Art Space Tokyo』の情報更新で埋めるのではなく（そう感じた人がいたとしたらごめんなさい）、調達期間は継続中でまだ支援を求めているとやんわり伝えることが目的だった。

検索サービスの Topsy を使って期間中のツイート／リツイート記録[5]を振り返ることができる。

メーリングリスト

過去６年間デザインやアート業界で仕事をしてきたおかげで、膨大な連絡先のリストを持っていた。メールを送った当日と、その前後１日ずつの合計支援金額は下の表の通り。

表を見て明らかなように、４度送ったメール（４月６日に１０００人、４月８日に１０００人、15日に２０００人、29日に２０００人）によって、支援金額は飛躍的に増加した。どんなメールを送ったか気になる？　これがその内容。

日付	メールの内容	前日の金額	当日の金額	翌日の金額
4月6日	始まりました！[a]	$1,135	$1,440	$815
4月8日	始まりました！[b]	$815	$1,370	$785
4月15日	経過報告	$855	$1,310	$130
4月29日	残り3日！	$870	$1,210	$1,255

・4月6／8日　始まりました！［a／b］（詳しくは133頁）
・4月15日　経過報告（詳しくは135頁）
・4月29日　残り3日！（詳しくは137頁）

ブログ／オンラインメディア

プロモーション戦略はシンプルだ。宣伝したい内容と重なるトピックを掲載していて、影響力がありキーとなるサイトを探すこと。見つけたら、そうしたブログや雑誌や新聞へ個別にメールを送る。彼らが最も関心を持ちそうなプロジェクトの側面を強調して。何年も読んでいたブログにメールを送ることもよくあったため、彼らの過去の記事を引き合いに出して個別に文面を変える作業もぼくにとってはささいなことであり、また楽しいことでもあった。

間違っても、情報発信者たちに手当たり次第メールするのはやめよう。思慮深くなるべきだ。目標は、あなたのプロジェクトに興味を持ってくれそうな編集者たちや一般のコミュニティにアピールすることであって、あらゆる有名ブログにスパムを送ることではない。適切なブログに投稿される1本の記事のほうが、アクセスは多くてもテーマの違うブログに投稿される10本の記事よりも1000%役に立つ。欲しいのは熱心なユーザーだ、訪問者数だけじゃない！

掲載日	媒体	コミュニティ
3月30日	37Signals, SvN	アントレプレナー
3月31日	Spoon & Tamago	デザイン、日本
4月1日	Kickstarter Tweet	Kickstarter
4月1日	Hypebeast	デザイン
4月5日	Viewers Like You	デザイン
4月9日	Superfuture	デザイン
4月9日	Complex	デザイン
4月9日	Street Giant	デザイン

『Art Space Tokyo』のプロジェクトに関しては、以下の表のように、デザイン関係を中心に12を超える媒体でとりあげてもらうことができた。

知っての通り、ぼくらの調達期間には停滞期があった——4月17日以降にもっとメディアへの露出があればよかったのだろう。今思うと、あらかじめメディアに働きかけ、記事公開の日程を交渉していればよかった。

やり方を変える

ぼくたちの最大のミスは、目標金額を低く設定しすぎたことだった。目標金額に到達してもまだ終了期間まで時間があるとき、Kickstarterでのプロジェクトは熱を失い「ギャンブル」性がなくなっていく（先のグラフがその経験的証拠だ！）。Kickstarterのプロジェクトにおける理想的な状態は、設定期間内ギリギリで達成できるくらいの金額設定にすることだ。

目標金額を1万5000ドルに設定したときはそれが精一杯だと考えていた。1日500ドル近く——あるいは9冊ぶん——の支援になる計算だ。大金ではないが、バカにできる金額でもない。1万5000ドルは、この試みを実りあるものにするのに必要な冊数を刷る最低限の金額だった。それを越えた分は、プロジ

掲載日	媒体	コミュニティ
4月10日	Notcot	デザイン、アート
4月11日	Subtraction	デザイン
4月13日	We Jet Set	デザイン、旅行
4月13日	Limited Hype	デザイン
4月14日	Jean Snow	東京、デザイン、アート
4月16日	PSFK	アート、デザイン
4月17日	Nonaca	アート、東京

ェクトの規模を拡大するために使おうと目論んでいた。２万４０００ドルが集まり、印刷部数を飛躍的に増やせただけでなく、持続性のあるプロジェクトになったと報告できることを嬉しく思う。

欲張りに聞こえないことを願うが、目標金額は高く設定するべきだ。忘れないでほしい。目標金額を最大化することは、同時に、コミュニティの参加意識を最大化することを意味する。より多くの金額を得られるだけでなく、より強いコミュニティを形成することができるのだ。

２万４０００ドルで実現したものは何か？　シルクスクリーンで刷られた布表紙の『Art Space Tokyo』の印刷部数を2倍に増やし、本の中にある地図や、オススメのレストランおよびカフェの情報を更新し、綿密に再編集し、出版シンクタンク PRE/POSTを立ち上げ、東京で受注および入金管理と配送を行い、３００冊以上を出荷し、東京有数の美術書専門書店の立ち上げイベントをサポートし、このエッセイを発表することができた。しかもそのすべてを3ヵ月で。とんでもなくすばらしいことだと思う。

このエッセイは、実験の第1章の締めくくりだ。先へ進もう、すべての努力はこの本の電子版制作へと注いでいく。もちろん、そこで学んだこともシェアしていく。

シルクスクリーン印刷

このスリッパはぼくのものだ。どうして自分のものだとわかるかというと、ぼくの名前が書いてあるからだ。これを作ってくれた人たちは会社の名前を間違って書いているけれど、ぼくはそれを責めることはできない。前日に社名を変更したからだ。スリッパは当然のごとく小さすぎて、朝から印刷所の倉庫でつま先ダンスを踊る外国人になってしまったが、そんなのはよくあることだ。

中村さんを見てまず気付くのは、その優しい目だ。次に、彼の穏やかさを知る――彼はシルクスクリーン印刷のブッダである。彼とアシスタントたちは施設を見学しにやって来るぼくを始終もてなし、1時間半のツアーで楽しませてくれた。専門であるシルクスクリーン印刷の工程を誇らしげに披露しながら、どんな質問も嬉しそうに答えてくれた。

そこは見事な施設だ――『Art Space Tokyo』のような小さなサイズのものから、広告看板のような大きなものま

で扱うことができる。飛行機の格納庫ほどの暗室があり、露光電球が小さな太陽のようにぼんやりと部屋を照らしている。彼らは実に多くの作品を作っている。

残念ながら、施設の撮影は頑に拒否された。そんな中で、こっそりと1枚の写真を撮ることに成功した――『Art Space Tokyo』の表紙を乾燥させている光景だ。表紙は1部ずつ同じ仕上がりになるよう手作業で慎重に印刷されている。その繊細な工程を目の当たりにすることで、一冊一冊が出来上がる奇跡がより一層ありがたく感じられた。

ツアーの途中、出版不況で危機感を抱いていないかと尋ねてみた。抱いていない、と中村さんは言った。どうして？今出版界は混乱状態にありながらも、デザイナーたちはこれまで以上に表紙やポスターの特殊印刷に力を入れているからだと言う。まさに中村さんの専門分野だ。「実際」、彼は言う。「ここ数年は生産数が増えてきている」。

それが本当かどうかはぼくにとってあまり重要ではない。中村さんの施設をまだ使えるんだと知ることができただけで今でも嬉しい気持ちになる。マスマーケットを対象にした出版は、論理的帰結としてシルクスクリーン印刷の布張りの表紙を避けていく。けれど、Kickstarter のおかげでそうしたトレンドに逆行し、ぼくたちがこうあるべきだと思う本に仕上げ、マスマーケットが要求する価格設定を無視したニッチなものを提供することができた。受賞歴もある一流の地元業者のもとへ飛び込み、彼らの努力をサポートすることで、ぼくらは温かいもてなしとプロジェクトへの深い理解を得ることができた。

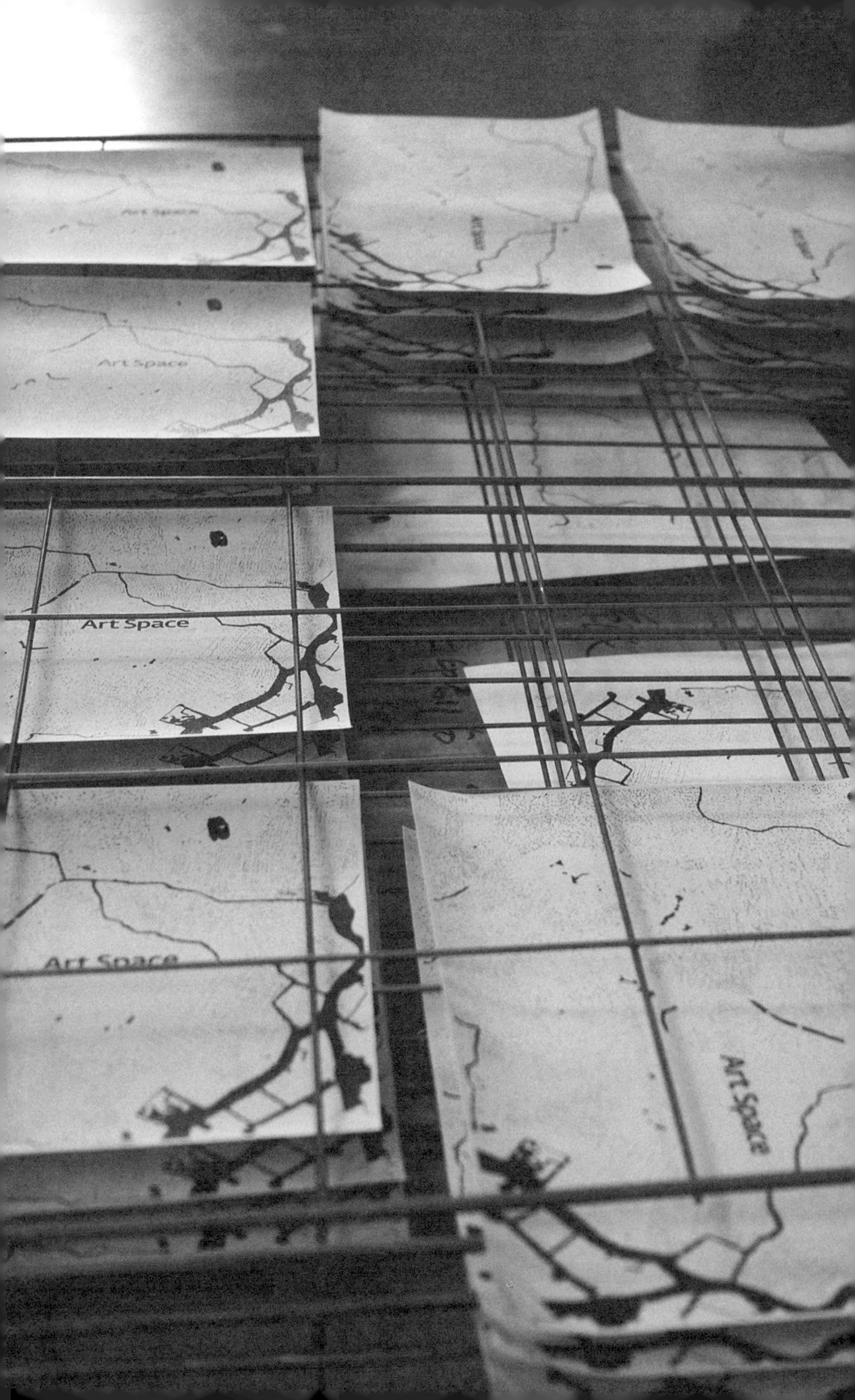
Art Space
Art Space
Art Space
Art Space
Art Space

肌着姿で

80歳とおぼしき男が、タバコをくわえ肌着姿で立っている。ぼくが手を振って挨拶をするとほほ笑みが返ってくる。男はだるそうに、複雑な印刷機のダイヤルやレバーを操作している。

ここが8時間にも及んだ見学ツアーの終点だ。この小さな業者は、東京・西新宿の西のあたり、名も無い裏通りの名も無いアパートに入っている。

プロジェクトに協力してくれたのは、四つの印刷所と一つの製本所、一つの在庫管理・発送グループだ。今日ぼくは四つすべての印刷所を周っていて、ここ――なぜだか煙が充満したアパートの1階は――帯の印刷業者である。彼らの仕事は、安い紙に1色刷りの帯を印刷すること。裏表紙に縦方向で帯を巻くためのものだ。

日本の印刷所には職人の気骨が満ちている。施設は汚れていて――年季が入っていて――ピカピカの本が出来るのだろうかと不思議に思いもした。けれど、もちろん、彼らはピカピカの製品を仕上げるのだ。

髪を金色に染め、度の強いメガネをかけた若い技術者が、機械から1分間に100枚も吐き出される帯の仕上がりを確認している。彼はインク汚れが染み付いた手を複雑に動く機械の中に滑り込ませ、印刷中のシートを1枚取り出し、インクの載り具合をチェックする。満足した様子で目配せしながら少しダイヤルを回すと、「さあ仕上げだ！」と言わんばかりに、紙の波がミスター肌着氏のもとへと送られていく。

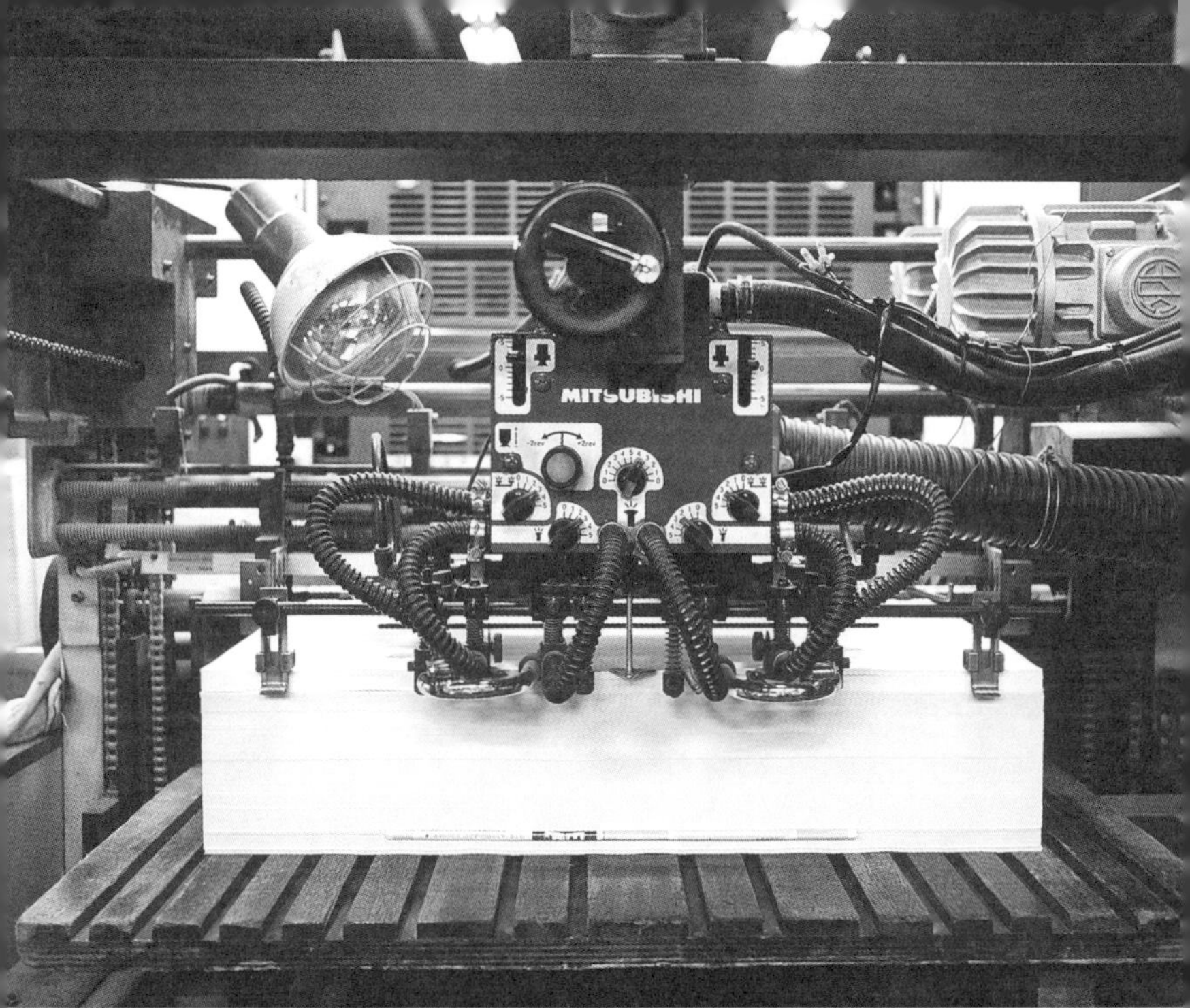
MITSUBISHI

B
A
B
C
D
E
F
G
H
I
J
K
L

本文部分

インク濃度が今日の課題。名前を知らない技術者が、本文とイラストレーションにちょうどいいインク濃度を決めた。印刷コーディネーターのコヒヤマさんはぼくの隣りに立っていた。この技術者が、ぼくらの追い求める美学をどれほど心得ているかを知った。「背景はいいけど、手前をもう少しクリアにする必要があるね」。印刷機の薄暗い明かり越しに、彼は大きな声で言う。ぼくは同意し、余計な口出しはしない。技術者は大きなパネルでインクの色味を調整し、新たなテストプリントの波を寄越す。

ポイントは黒の調整だ。ぼくは高橋信雅のイラストに惚れ込んでいたが、それにはいくつかの理由がある。コントラストが効いていて、細かくびっしり描かれたペン画が気に入っている——彼の得意分野だ。それに加えて、ぼくが気に入っているのは、作業工程に対する彼の執拗なまでのこだわりだ。絵を描くのと同じくらい長い時間をかけて、インクを混ぜ、乾かす作業を行う。硯と水を使ってちょうどいい濃さにしていきながら、適温かつ適切なスピードで乾かしていく。そうすることで、他のイラストレーターたちが見落としがちなニュアンスを引き出すことが可能になる。彼の作品は、こうしたスタイルのイラストレーションでは失われがちな、インクの飛沫による表現で深みを出すことに成功している。

ぼくたちはその深みを守るための手段を探していた。

テストにリズムが生まれて来る。新たなプリントが出来上がるたびに前のものと比べ、それから初版本の出来と比べる。ぼくたちは少しずつ、ほんの少しずつ前進していった——イラストの細部を引き出しすぎると、本文や地図の適切な濃さを失うことになる。こうした本の印刷は、美学と実用性のバランスをとる作業だ。幸いなことに、ぼくたちはすぐれた技術者たちに恵まれた。

Hara Museum of Contemporary Art
IN THE NEIGHBORHOOD

製本作業

InDesignファイルから実際の本になるまでの旅は製本作業で終わる。ぼくらの製本所は、皇居の少し北、東京の伝統的な製本地区本郷にある。家やアパートの間に小さな倉庫が押し込まれたこの地区は、きっとその昔は今よりずっと栄えていたに違いない。空き家の看板や、製本とは関係ない用途に変わってしまった倉庫がたくさんある。まるで産業の墓場のよう。明らかに賞味期限を過ぎてしまった地域だ。

その日は5月で、その年初めての真夏日がやって来た日だった。汗をかきながら、コヒヤマさんとぼくは細い脇道を抜けいくつかの家を通り過ぎて目的地にたどり着いた。裁断と製本を行う機械のガチャンガチャンという音に導かれながら。

照りつける太陽の下から、暗く涼しい製本所へと入った。それぞれの機械を2人ずつの職人で受け持っていたが、コヒヤマさん――いつもぼくに同行し、あらゆることを説明してくれた人――はぼくのほうに体を傾け、それがいかに珍しいかをこっそり教えてくれた。「1台を2人でチェックしてくれるなんてラッキーなことですよ」。

完璧なものを仕上げることに関しては、どこの製本所にもプライドがある。まさに日本のものづくりの典型例で、印刷所や製本所の人々は真の技術者たちだ。『Art Space Tokyo』のような小さなプロジェクトであってもきめ細か

な仕事をする姿に感銘を受けた。

どの工程でも、チェックにチェックが重ねられた。すべてが機械で行われると思っていたプロセスには、人間の手が加えられていた。いうなれば、各工程が問題なく次の工程に進めるようチェックするプロセス編集者たちがいる。

最後の生産ラインに立ち、出来上がった本が大きな木のパレットに10冊ずつ積み上げられていくのを眺める。このプロセス——パレットに本を積むプロセス！——にさえ配慮が行き届いていた。10冊ずつの本は、互い違いの向きで積まれていくのだ。高く積み上がった重みにも耐えられるように。

本が積み上げられていくのを見ている。パレットは今や4分の3が埋め尽くされている。ぼくは技術者たち1人ひとりに向かってお礼をし、最後の1枚を撮った。そして、この本の制作にあたり、Kickstarterと日本の製本業者たちのサポートがあったことのありがたさをかみしめながら、焼けるような太陽の下へと踏み出した。

100万ドルを目指して

まとめ

・1ヵ月で2万4000ドル
・Kickstarter＝簡単でセクシーな仲介サービス
・1回限りのお金ではなく、マイクロ・シード・キャピタルの観点で考える
・支援金額の選択肢が少ない＝好ましい
・人々は25ドル以上の支援をしたがっている！
・計画的にメディアに露出して停滞期を避ける
・スマートなプロモーション。質の高いコミュニティへのアピールに集中する
・勇気を持て。限界ギリギリの価格設定をする

わずか5年前は、ソーシャルメディアを使って1冊の本の再販に2万4000ドルもの金額を集めるなんて想像もつかなかっただろう。ぼくたちはそれを達成しただけでなく、持続可能な本の価格設定をし、出版シンクタンクを立ち上げ、伝統的な流通経路に逆らって直接読者に本を売ることができた。

出版の未来はどのように、誰とともに、どのような条件で訪れるのか。ぼくた

ちは疑いようもなく、その出版の未来を形作る時代に生きている。

この記事が、ぼくたちと似たような目標を持つ少なくとも50人のクリエイターたちの後押しになることを願う。50人のクリエイターたちが、ぼくたちレベルのささやかな成功を積み重ねるとしたら、創造的で社会的に意味のあるプロジェクトに１００万ドルの資金が流れ込んだことになる。Kickstarter で成功したすべてのプロジェクトが、それは可能だと物語っている。

何か作ったら教えてほしい。ぼくたちは報告を心待ちにしている。

第六章

本をプラットフォームに

電子版『Art Space Tokyo』制作記

そう遠くない昔、出版界にKindleの火がまだつかず、ＥＰＵＢといえばイースト・ロンドンのパブか何かで、Mobiといえば白鯨《モビー・ディック》か何かだと思われていた頃、ぼくたちは紙の束を持ち歩き、表紙を電車の乗客にさらしていた。その頃は、若い女の子たちがブログで熱狂したヴァンパイアの物語もまだ出版界の寵児とはなっておらず、イギリスの主婦たちも『トワイライト』の二次創作の虜になる前で、FlipboardもZiteもなく、自費出版もなかった。[1]

ところが２０１０年、iPadが現れるとぼくたち——アシュレイ・ローリングスとぼく——は『Art Space Tokyo』という本に再び命を与えるべくクラウドファンディングサイトKickstarter（キックスターター）で出資を募り、そこからあらゆる変化が起こっていった（神様ありがとう！）。

ぼくたちがKickstarterで出資を募り始めた頃、2万５０００ドルを集めるというのはずいぶん大変なことだった。今では10万ドル集められない人はもはや何者でもなく、１００万ドル集められなければブログにだって書けやしない。クラウドファンディングは希望の星となったが、電子出版もまた、ニッチな産業ではなく本の主な流通経路となっていくだろう。[2]

クラウドファンディングによって、ものづくりが変化していくのは容易に想像できるが、出版へ与える影響やその功罪を判断することは簡単ではない。

1 Flipboard、Ziteはネット上のコンテンツを取り込んで雑誌のようなレイアウトで閲覧できるキュレーションアプリ

2 「Amazon: Kindle Ebooks Now Outsell All Paper Books Combined in UK（Amazon UKで、Kindle電子本の販売部数が紙の本を上回る）」Cult of Mac、２０１２年8月

3 「Post Artifact Books & Publishing（完成後の本と出版）」craigmod.com、２０１１年6月。もちろん、表面上の進歩も電子本での読書を押し進める。Retinaディスプレイとそれに対応したフォントは、目に優しい読書体験を提供してくれる。Retinaに近い品質のタブレットが値下げを続けていくと、

プラットフォーム

この数年間で、シンプルかつ動かしようのない事実が明らかになった。それは、本の未来がネットワーク化されたプラットフォームの上に成り立つ、という事実である。隔絶された島々の上に成り立つのではない。インターフェース、操作性、タイポグラフィといった表面上の進化だけでなく、プラットフォームは私たちの読み方も進化させる。

プラットフォームは生産、消費、流通のシステムを生み出すが、こうした大きな変化は電子本を舞台に起きていて、電子出版はすべてこのシステムの内部で行われている。完成後の本と出版は、[3] ただ単にスクリーン上の文字のことだけを指すのではない。

Eインクディスプレイの採用数が減っていくのは避けられないかもしれない。

Kickstarter のプロジェクトの一環として、ぼくたちは『Art Space Tokyo』の電子版を出版することも約束していた。そして、ついにその約束を果たすことができた。そこで、単にデータを売りつけて逃げ去るよりも、電子版出版までの過程を（いつものように）包み隠さず共有したいと思う。

プラットフォームを視野に入れつつ、そして2010年からの2年間を振り返りつつ、電子版の出版に至った過程を説明してみたい。

『Art Space Tokyo』電子版

ぼくたちが出版した『Art Space Tokyo』電子版はマルチプラットフォーム対応、あらゆるフォーマットで読むことができる訳だが、プラットフォームは大きく二つのエコシステムに分けることができる。

・オープン（ウェブ）
・クローズド（iBooks、Kindle、その他Eリーダー）

ウェブ

『Art Space Tokyo』にはアクセス可能な住まいが必要だった。すべてのコンテンツにはオンライン上の公のアドレスが必要だった。ぼくたちはその住まいをhttp://artspacetokyo.com に決めた。本のすべての内容はここにある。インタビューも、エッセイも、アート・スペースの情報も。すべてのものがアドレスを持っていて、ぼくたちはそれを指し示すことができる。

4　The Daily（ザ・デイリー）が2012年7月に3分の1近くの人員削減（allthingsd.com/20120731/the-daily-lays-off-a-third-of-its-staff/）を行うこととなった理由の一つは、彼らのコンテンツがいわゆる壁に囲まれた状態だったからだろう。彼らのコンテンツは専用のアプリからしかアクセスできなかった。いくつかの記事はウェブサイト上で制限された形で見ることはできたが、大部分は見ることができず、手を煩わすことなくTwitterやFacebookで共有することもできなかった。これは彼らに限った問題ではないが、それは言い訳にはならない。

写真左　iPhoneで見たときのサイト

どうしてそんなことをする必要があるのか。それはぼくが、公の終着地点があることは電子本にとって有益だと強く信じているからだ。今の世代のリーダー（デバイスではなく人間）は、テキスト共有への期待を膨らませているのだから、共有できない電子テキストは――つまり、アクセスして指し示すことができない電子テキストは――この世に存在していないに等しい。それは言い過ぎにしても、関心をひくことは少ない。[4]

　ぼくはまた、オンライン上にすべてのコンテンツを置くことによって、電子の本も紙の本もより売れるようになると信じている。コンテンツを公開していると、自サイトへのリンク数は飛躍的に増えていく。artspacetokyo.comは、東京のアート界についての記事をオンラインで公開している英語サイトとしては最大規模のものだろう。オーガニック検索（自然検索）でサイトを訪れる人の数も次第に増えていき、すべてのページから他の商品も購入できるようにしておくことで、商品購入者の数もまた増えていく。そしてそれらの数は随時ぼくのもとに報告される。

　テキストの集積は「本」と呼ばれているが、だからと言ってウェブサイトのように機能しない、という訳ではない。artspacetokyo.com のサイト上では、紙

の本のような固定されたレイアウトをあえて崩した。テキストをひと続きに表示して、コンテンツの無限性をゆるやかに示したかったからだ。

詳細

・artspacetokyo.com はモバイル機器からの閲覧に最適化されている。時代を考慮してもそうだし、『Art Space Tokyo』のようなガイドブックにとってモバイルで閲覧できることはとても重要なことである。

・iPhone や iPad で「ホーム画面に追加」する際、Retina ディスプレイ対応のアイコンを表示するようにした。

・シンプルな JavaScript ライブラリを使って、そのアイコンを「アプリ」のように置けるようにした。ハイパーリンクでページを行ったり来たりする必要はあるけれど。

・Typotheque 社がＣＳＳの @font-face 機能を使ったウェブフォントサービスを提供してくれているおかげで、紙の本も、ウェブで配信するＰＤＦやＥＰＵＢ、Mobiファイルも、すべて Fedra Sans and Display というフォントに統一することができた。

ここまで来ると、一つの大きな疑問が浮かび上がる。

写真　27インチのデスクトップで見たサイト（奥）。そして、iBooks や Kindle で見た電子本（手前）。

「すべてを無料で公開して、どうやってお金を稼ぐんだ?」

プラットフォームとプレミアム商品、がその答えだ。

プラットフォームとプレミアム商品

ぼくたちにとってのプレミアム商品は、手に取ることができる本、つまり紙の本である。しかし同時に、プラットフォームのエコシステムにきちんと根ざした「本当の」電子本にも価値があると思っている（DRMフリーの電子本も独自のエコシステムと呼べるかもしれない）[5]。

たとえば、Amazon の Kindle で本を購入するということは、Kindleというプラットフォームの持つあらゆる利点（メモ機能やシェア、ハイライトの共有）に接続が可能になるということを意味する。この接続にこそ「本当の」価値がある。これにお金を払うだけの価値はあるし、その価値は今後ますます高まっていくだろう。

Kindle、iBooks、そしてPDF

『Art Space Tokyo』は、Kindle、iBooks、Nookから購入できる。そして、そ

5　独自のプラットフォームの例としては、ヘンリク・ベルグレンによるReadmill（readmill.com/）というすばらしい試みがある。

れぞれのプラットフォームでは8・99ドルで売られている。別のプラットフォームで読みたい人には、DRMフリーのMobiファイル、EPUBファイル、PDFファイルがすべてセットになったパッケージを用意している。このパッケージは14・99ドル。

紙+デジタル

紙の本を購入する場合、ぜひ連絡をしてほしい。紙の本の購入者には電子版セットを無料で差し上げている。もちろん、すでに購入したという人にも、このセットをお渡しする。ぜひ support@prepostbooks.com にメールを。

出発地点

「iPad版」を出すと発表したとき、ぼくたちはつとめて「iPadアプリケーション」とは呼ばないようにした。

思い出してみてほしい。２０１０年５月、iPad が発売された直後のことを。iPad での出版の展望などまるでなく、ぼくたちは皆、本をアプリとして捉えるのが正しいモデルなのかどうか判断しかねていた。印刷されたものが本であると見なされていたこともあり、iPadでの出版はとてもややこしいものに思えた。それで当時のぼくたちは、Kickstarterのプロジェクトとして紙の本を作ることに集中した。昔の『Art Space Tokyo』をアップデートし、再び印刷し、布表紙のハードカバー版として再販することにしたのだ。

フルタイムで作業して数ヵ月かかったものの、何とか出版することができた。出来上がりはすばらしかった。バッカー（Kickstarterでのプロジェクト支援者）たちも、満足してくれたようだった。ぼくたちはその後1ヵ月をかけてプロジェクトで得た知識をまとめ、彼らに事後分析を公表した（「キックスタートアップ」）。嬉しいことに、Kickstarterから「事後分析部門最優秀賞」として表彰されるというおまけ付きだった。

アプリってどうなの？

2010年の秋がやってきて、ぼくたちは『Art Space Tokyo』のカスタムアプリの制作を検討し始めたものの、考えれば考えるほど、それは合理的でないように思えた。「シンプルな」アプリの制作さえ難しいようだった。いや、本当に。[6] シンプルであれ複雑であれ、理にかなったアプリを作っている人はほとんどいなかったのである。

6 大量の本を一つひとつアプリにしていくというのは合理的ではない。特に出版社の立場からすれば。個々の本として電子本を考えるのではなく、プラットフォームという観点から捉えるべきである。本のための新しいプラットフォームを作ることは非常にハードルが高く困難な要求で、利益や機能性を得ることが難しく、iBooksやKindleのような既存プラットフォームのように「無料で」本を作ることは厳しいだろう。アル・ゴア著『私たちの選択』の電子版を例に考えてみよう。このアプリは業界でも優れたデザイナーとエンジニアが2年近くもの歳月をかけて開発したものである。作業を行うにつれて、彼らは電子本を作るだけでなく、その当時、いくつかの大手出版社が雑誌アプリの販売を始めていた。WIRED（ワイアード）、Popular Science（ポピュラーサイエンス）、The New Yorker（ザ・ニューヨーカー）はその先駆けだった。しかしその出来はがっかりするようなものだった。テキストは画像化されている。ファイルサイズは大きすぎる。各号をダウンロードするのも手間がかかる。スクリーンで読む読者のことが考えられていない。これは電子出版物における読書の正しい方向ではない、謙虚な『Art Space Tokyo』としてはこの方向は忘れよう、そう思った。

ナビゲーションのややこしさも、さらに事態を悪くする一因だった。しかもアプリごとに操作が微妙に異なっていた。紙の雑誌の「ひたすらページを進めばいい」という明快さは、紙での作業工程をデジタルにも当てはめようという「革新」への努力のうちに失われてしまった。そんなアプリはやはり機能しない。

そして、こうしたフランケンシュタインのように恐ろしい雑誌アプリを調べていけばいくほど、ＰＤＦの形式がまだマシな解決策になるのではないかという思いが強くなっていった。少なくともＰＤＦならテキストデータの保持が可能になる。検索もできる。サイズも軽くなる。ナビゲーションも次のようにいたって明快。「ひたすら・ページを・進めばいい」[7]。

有機的なプラットフォームが必要であることに気付く。そして！　この仕事を終えた彼らに、最良の解決策がやってくる。彼らの会社はFacebookに買収されたのである！

7　「ひたすら・ページを・進めばいい」の精神について、ぼくは2011年のBooks in Browsers会議でスピーチを行った（www.youtube.com/watch?v=7z169AfJvM4）。

シンプルなPDF

そんな訳で『Art Space Tokyo』の記事をもとに、InDesignで縦置き用と横置き用のＰＤＦを作ってみることにした。試みはある程度成功した。文字は少し小さくて不格好だったけれど、それにしても。ＰＤＦはそれまで目にしたどのアプリよりも快適な使い心地だった。

ＰＤＦの革新的な利点は何か?

・制作にコストがかからない。
・比較的ファイルサイズが小さい。
・すべてのiOSデバイスのiBooksで読み、検索することができる。
・テキストデータを保持している。

このＰＤＦをDropboxに入れさえすれば、あらゆるプラットフォームとデバイスの垣根を越え、いつでも電子本で読むことができる。もちろん、これはちょっとしたハックだが、アプリにしてしまうよりはマシだった。

とはいえ、ＰＤＦがiPadでの読書に最適だと思っていた訳ではない。まして

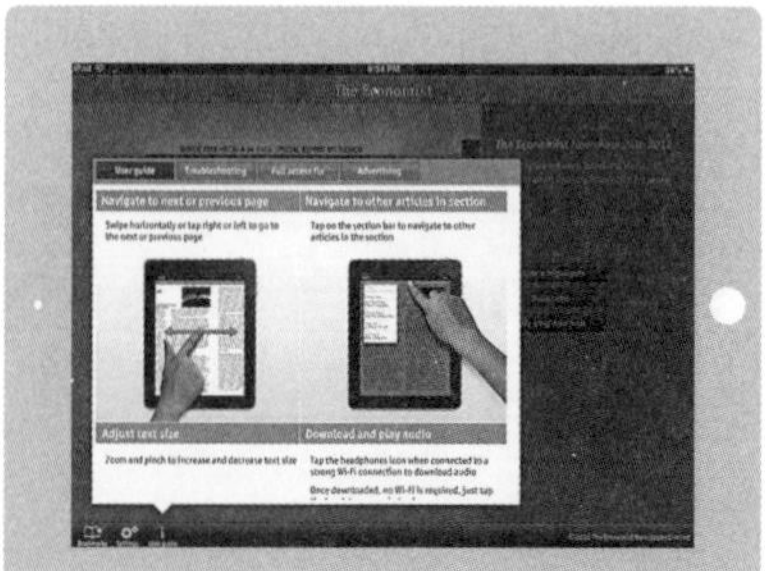

写真　複雑すぎ。説明が多すぎ。恐ろしいことに、こうした画面が他にもたくさん。

や『Art Space Tokyo』の電子版をＰＤＦで販売しようとも思っていなかった。もっと掘り下げて考えたいと思っていた。

ＥＰＵＢ

初めてＥＰＵＢがぼくを興奮させたのは、２０１０年の9月下旬にワルド・ジャクイス（Waldo Jaquith）の作品を見たときだった。

その当時のぼくはiBooksに全く関心がなかった。偽りのページに偽りのページめくり、紙の本の見た目だけを稚拙に真似たものだったし、タイポグラフィも未熟で、ハイフネーション（ハイフンを使って単語を2行に分けること）もできない。iBooksに関わろうとは全く思っていなかった。しかし、ワルド氏が「Virginia Quarterly Review（ＶＱＲ：ヴァージニア・クォータリー・レビュー）」に発表した作品はぼくの興味をかき立てた。彼が時間をかけて生み出した作品は、これまで見たどのiBooks出版物よりも今後への期待が持てるものだった。

彼の作品には適切な改ページと柱（ヘッダー）があった。文書構造を体現するタイポグラフィ。印象に強く残る写真。見た目が複雑すぎて避けられがちなカスタムアプリとは違い、「ＶＱＲ」はシンプルだった。それだけでなく、やはり彼

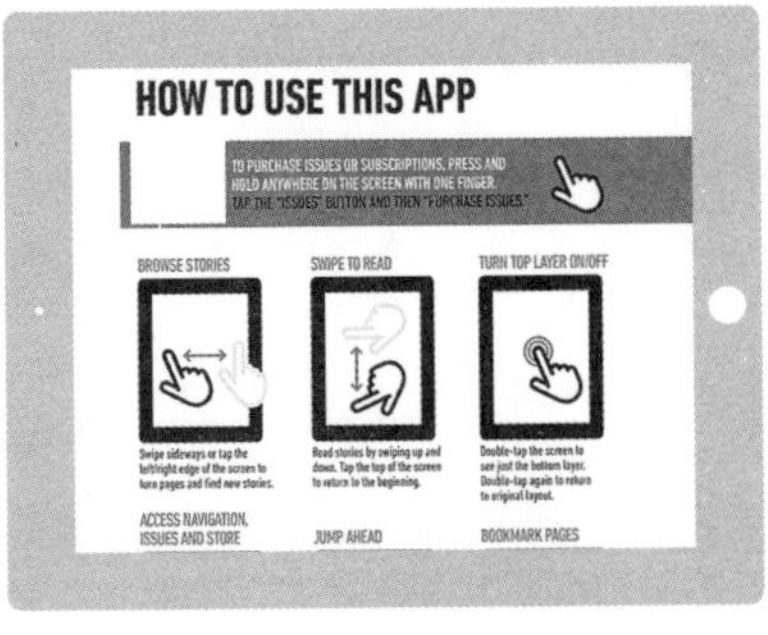

のデザインには何か特別なものが宿っていた。しかも余分なコストがかかっていない上、オープンスタンダードを採用している。この二つの点はそれまでの雑誌アプリにはない特徴だった。

時を同じくして、ＥＰＵＢ３の胎動が聞こえてきた。２０１０年のBooks in Browsers会議で、ビル・マッコイ（Bill McCoy）はＥＰＵＢ３の詳細を熱く語っていた。[8] それは電子出版の世界とウェブデザインの世界の衝突だった。ＨＴＭＬ／ＣＳＳ／ＪＳがＥＰＵＢ３の核となるようだった。これはデジタル好きな者たちにとっては朗報だった。とくに、ウェブサイト作りに詳しい者たちにとっては。

Eインク

それからほどなく、２０１０年11月にぼくはKindleを買い、恋に落ちた。Ｅインクが採用されたKindleは、今でもお気に入りテクノロジーの一つである。Kindleはぼくが持っている機器の中で最も「慎ましい」ものだと言える。[9] 読書に集中できるし、世界のどこからでもアクセスできて、バッテリーは永遠とも思

8　Books in Browsersでのビル・マッコイのＥＰＵＢ３に関する講演は公開されている(www.youtube.com/watch?v=ZBLS7VZfwQg)。

9　トム・アーミテージは彼のブログBERG Blogで、KindleとiPadを鮮やかに比較しながら「慎ましい」技術について語っている（berglondon.com/blog/2011/01/14/asleep-and-awake/）。

写真左　ワルド・ジャクイスが２０１０年に発表した「ＶＱＲ」のＥＰＵＢ作品

VQR PORTFOLIO

The Granai Village Massacre

By GUY SMALLMAN

CREDIT: GUY SMALLMAN

Efforts to report on civilian casualties in Afghanistan frequently are hampered by the sheer inaccessibility of the places involved, both topographically and culturally. Taliban strongholds are often situated near remote Pashtun villages that observe strict tribal codes. Guests are protected at all costs. Unwelcome trespassers are fair game. Bala Baluk is no exception. The region was the center of resistance to the Russians in Farah Province in the 1980s, and its economy now is wholly dependent on illegal opium production. Even people from nearby Farah city would never dare to venture in without an invitation.

I was only able to get into Granai because of a string of fortunate

えるくらい長持ちする。まるで魔法のようだ。

こうしてぼくの関心は次の二つに向かっていった。一つはＥＰＵＢ３と結びついたiBooks、そしてもう一つは、今後普及していくであろう独自のエコシステムを持つ、エレガントなKindleだ。

電子本のプラットフォーム

２０１１年の1年で、iBooksは複雑なレイアウト、カスタムフォント、ハイフネーションなどへの対応を徐々に向上させていった。Kindleよりもデザインしやすいという認識が広がっていった。一方で、Kindleは真の読書プラットフォームを目指していた。あらゆるデバイスで読むことができる、ウェブ上での存在感を高める、ソーシャルリーディング機能を付ける、本を貸したり共有したりする革新的な機能を開発する、などへの歩みを進めていった。

ＥＰＵＢに準拠することや、良く設計された既存のプラットフォーム上で開発を進めることで、読者はたくさんの機能を「無料」で享受できるようになる。

10　どうでもいいことのように思えるかもしれないが、ぼくは、電子本を所有しているという感覚、あるいは電子本の輪郭が目に見えることは、消費者の心理にとって非常に重要なのではないかと思っている。ぼくのエッセイはKindleで数千部売れている。ウェブサイト上に無料で公開しているにも関わらず、である。ぼくのエッセイが売れるのは、Kindleで買ったときに得られる所有感が大きく関係していると思う。この感覚は、ウェブ版の閲覧では得られない。

・本物の自己充足型の読書プラットフォームである。

・だからこそ、本のようなコンテンツを売り、消費することに特化している。

・テキストデータを保持している。画像テキストという無用のものでない。

・すべての本で操作が統一されている。読者はあらためて読み方を学び直す必要はない。上に行って下に行って左に行って右？　いや、ひたすら・ページを・進めばいい、のである。

・Kindleは、ハイライトやメモを簡単にソーシャルネットワークで共有できる。

・iBooksやKindleで本を買うと、「アプリを追加した」というよりは、自分だけの「図書館」や読書スペースを作り上げているような気持ちになる。[10]

・高橋信雅によるイラストはiPadやiPhoneで見て美しいだけでなく、Eインクを採用しているKindleで見ても美しい。

・@font-face機能を使って、紙でも電子でもTypotheque社のFedraフォントファミリーを使用することが可能になり、『Art Space Tokyo』の「ブランド」構築をすることができた。

iBooksだけの特徴

・Kindleよりも少しだけ複雑なレイアウトが可能だった。各章の冒頭、著者略歴、インタビュー、その他本の大事な部分に、微妙にニュアンスの違うタイポグラフィをなんとか導入することができた。Typothequeのフォントを採用することで、どんなときでも美しい見た目の電子本ができた。[11]

Kindleだけの特徴

・Amazonでの販売で、認知、信頼、手軽さを得ることができる。
・読者のハイライトやメモがデータベースに集まってくる。
・結果、「最も多くハイライトされた文章」といった測定が可能になる。
・メモやハイライト共有ボタンをオンにしておくと、読書の状況や本に追加した注釈などが、Kindle上のフォロワーに公開できるようになる。
・Kindle版はiOSやAndroidなどのデバイスからでもアクセスができる。一度買ったら、どこでも読める。
・読者がKindleを使ってFacebookやTwitterに共有したハイライト文章は商品の入口となる。これにより、共有―閲覧―購入という一貫した循環システムが作り上げられている。このエコシステムはiBooksにはない。

では、何か諦めなければいけない点はあるのか。まず、インタラクティビティの拡大は諦めなければならない。スクロールではなく「ページ」モデルにも従わなければならない。タイポグラフィについてもあまり手を加えることができない（とくにKindle Fire以外のデバイスでは、ほとんど手をつけられない）。

ある種の本にとって、こうした難点は致命的問題である。だから、通常とは違った読み方をするような本は、なんとしてでもアプリを作らなければならない。[12] しかし『Art Space Tokyo』はいたって「普通の」本である。伝統的な印刷物の美学に従って作られている。内容も、厳密に始めから終わりまで一直線に進む訳ではないものの、わかりやすく構成されている。外部資料へのリンクを載せて、「インタラクティビティ」についても補強している。[13] ぼくたちの場合、iBooksやKindleのプラットフォームを使う利点のほうが、難点よりも大きかったという訳だ。そしてその利点は、単体アプリをデザインし、開発し、維持することに伴う難点よりも、ずっとずっと大きかった。

こうしたことは、市販されている多くの本にも当てはまると思っている。だからこそ、ぼくたちが『Art Space Tokyo』で行った試みは、他の出版者たちにと

ってのロールモデルとなり得ると思っている。そして、ぼくらのような方法ですでに出版を行っている人々にとっては、この文章が自分たちのプラットフォームの選択が正しかったと確認するものになることを願う。

メディアはマッサージである

「最もEPUBに詳しい人」を探していたぼくは、オライリー・メディアのロン・ビロドー（Ron Bilodeau）を紹介された。「最も詳しい」なんてあやふやな探し方ではあったが、ロンはまさにその言葉にふさわしい人物だった。何度かの電話の後、彼はぼくたちのInDesignファイルの調整作業を引き受けてくれた。Mobiファイル（Kindle用）へ変換可能で出来上がりの見た目が美しいEPUBファイル（iBooks用）と、リンクの付いたPDFファイル。これらの元になるInDesignファイルを作ってくれることになったのだ。

実は、複雑なInDesignのデータをきれいなEPUBファイルにするのは簡単なことではない。ロンがぼくに教えてくれた作業工程はおそろしいほど細かく、はっきり言って、あきれてしまうほどだった。ぼくたちのInDesignファイルを、出来上がりの見た目を意識しながら再構成し、シェルスクリプトを書き換えたり、

11　とは言うものの、これはiBooksだけの利点ではなくなってきている。KindleのKF8フォーマットはより多くの文字デザインを表現できるようになっている。

12　ロビン・スローンはFish: a tap essayというアプリ（www.robinsloan.com/fish/）でそれを実現している。iBooksやKindleでは実現できないようなアイデアを形にしたアプリの好例。彼はウェブ雑誌ContentsにFishに関するエッセイ「House of Cards」を寄稿している。

13　iBooks版とKindle版にはグーグル・マップへのリンクもつけて補強している。章ごとにオンライン版へのリンクもつけた。

その他細かすぎる微調整を多く必要とした。

その工程、実に70以上。

狂気の沙汰だろ?

結果はどうだったかって? とても豪華なiBooks版と、ものすごく機能的なKindle版が出来上がった。iPadやiPhoneでの見た目もすばらしい。しかもKindleのおかげで、すべてのAndroidデバイスでも読める。さらに電子版セットを購入すると、美しくレイアウトされあらゆるリンクが埋め込まれたPDFもついてくる。

統一されたデザイン

iBooks版やKindle版の目的は、紙の本の複製を作ることではない。紙の本に込められたデザインやレイアウトの美学を引き継ぎながらも、できるだけ引きずられない形で電子版を作ることだ。どちらかに偏らないように気をつけながら、紙と電子の統一性も保っておきたかった。

以下の点ではデザイン上の統一性を保っている。

タイポグラフィ

iBooks と Kindle（Fire）は @font-face に対応しているので、紙の本と同じフォントを使うことができた。見出しと本文はすべて統一されている。

アイコン

『Art Space Tokyo』の「ロケーション」アイコン——赤い丸（●）に白い花びら模様——をどの版も等しく、目立つように使うことができた。

イラストレーション

高橋信雅によるインク画とぼくたちお手製の地図は紙、Ｅインク、Retina、デスクトップ、どんな環境でも一様に美しく表示することができた。

こうした統一性は紙と電子を並べてみるとよくわかるだろう。見出しと本文のフォント、アイコン、そしてイラスト（地図）、この三つすべてをご覧いただけるだろう。ただし、紙の本のレイアウトを iBooks で完全に再現しようとした訳でもない。わかりやすい例をあげておく。iBooks のヘッダーはどのページでも常に中央にくるため、記事の見出しを左寄せにするとアキがで

写真左　『Art Space Tokyo』——紙の本と電子の本。違いはあるがよく似ている。

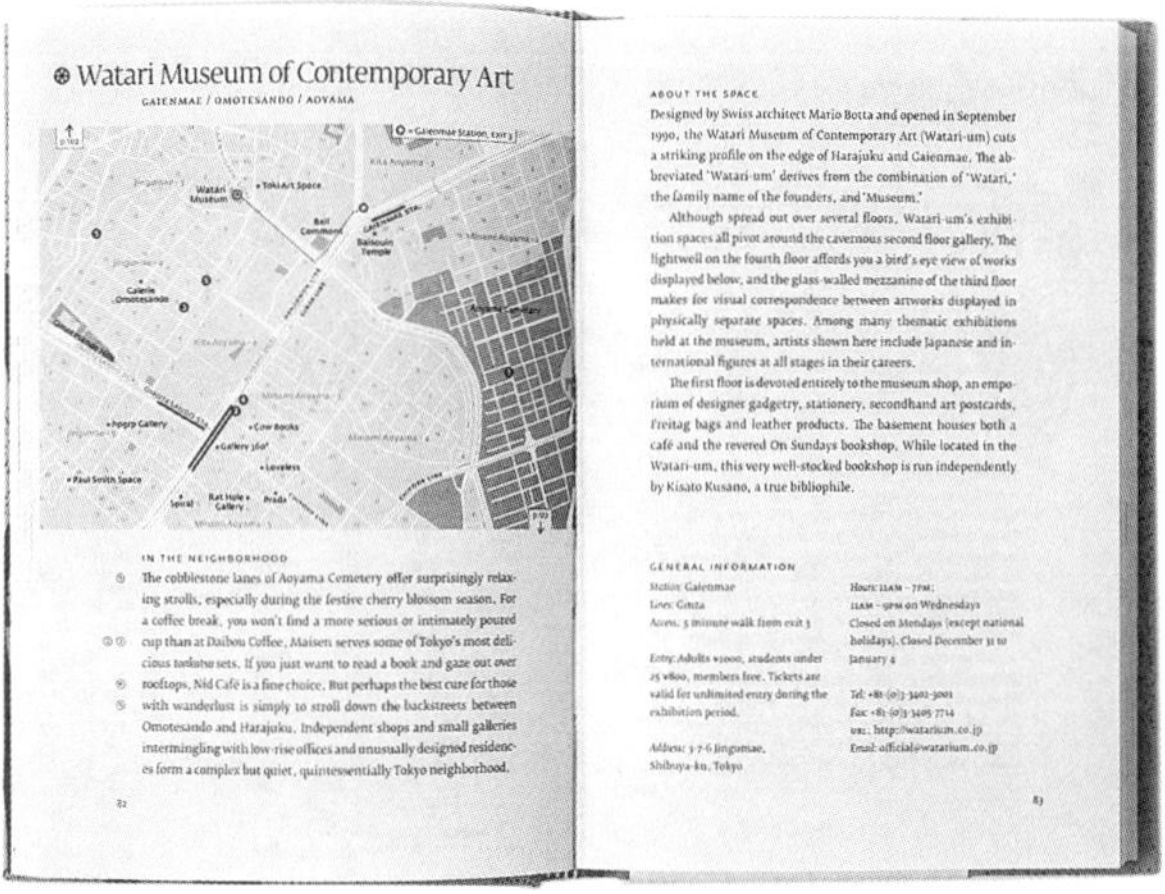

⊛ Watari Museum of Contemporary Art

GAIENMAE / OMOTESANDO / AOYAMA

IN THE NEIGHBORHOOD

⑤ The cobblestone lanes of Aoyama Cemetery offer surprisingly relaxing strolls, especially during the festive cherry blossom season. For a coffee break, you won't find a more serious or intimately poured
⑥ ⑦ cup than at Daibou Coffee. Maisen serves some of Tokyo's most delicious *tonkatsu* sets. If you just want to read a book and gaze out over
⑧ rooftops, Nid Café is a fine choice. But perhaps the best cure for those
⑤ with wanderlust is simply to stroll down the backstreets between Omotesando and Harajuku. Independent shops and small galleries intermingling with low-rise offices and unusually designed residences form a complex but quiet, quintessentially Tokyo neighborhood.

82

ABOUT THE SPACE

Designed by Swiss architect Mario Botta and opened in September 1990, the Watari Museum of Contemporary Art (Watari-um) cuts a striking profile on the edge of Harajuku and Gaienmae. The abbreviated 'Watari-um' derives from the combination of 'Watari,' the family name of the founders, and 'Museum.'

Although spread out over several floors, Watari-um's exhibition spaces all pivot around the cavernous second floor gallery. The lightwell on the fourth floor affords you a bird's eye view of works displayed below, and the glass-walled mezzanine of the third floor makes for visual correspondence between artworks displayed in physically separate spaces. Among many thematic exhibitions held at the museum, artists shown here include Japanese and international figures at all stages in their careers.

The first floor is devoted entirely to the museum shop, an emporium of designer gadgetry, stationery, secondhand art postcards, Freitag bags and leather products. The basement houses both a café and the revered On Sundays bookshop. While located in the Watari-um, this very well-stocked bookshop is run independently by Kisato Kusano, a true bibliophile.

GENERAL INFORMATION

Station: Gaienmae
Lines: Ginza
Access: 5 minute walk from exit 3

Entry: Adults ¥1000, students under 25 ¥800, members free. Tickets are valid for unlimited entry during the exhibition period.

Address: 3-7-6 Jingumae, Shibuya-ku, Tokyo

Hours: 11AM – 7PM; 11AM – 9PM on Wednesdays
Closed on Mondays (except national holidays). Closed December 31 to January 4

Tel: +81-(0)3-3402-3001
Fax: +81-(0)3-3405-7714
URL: http://watarium.co.jp
Email: official@watarium.co.jp

83

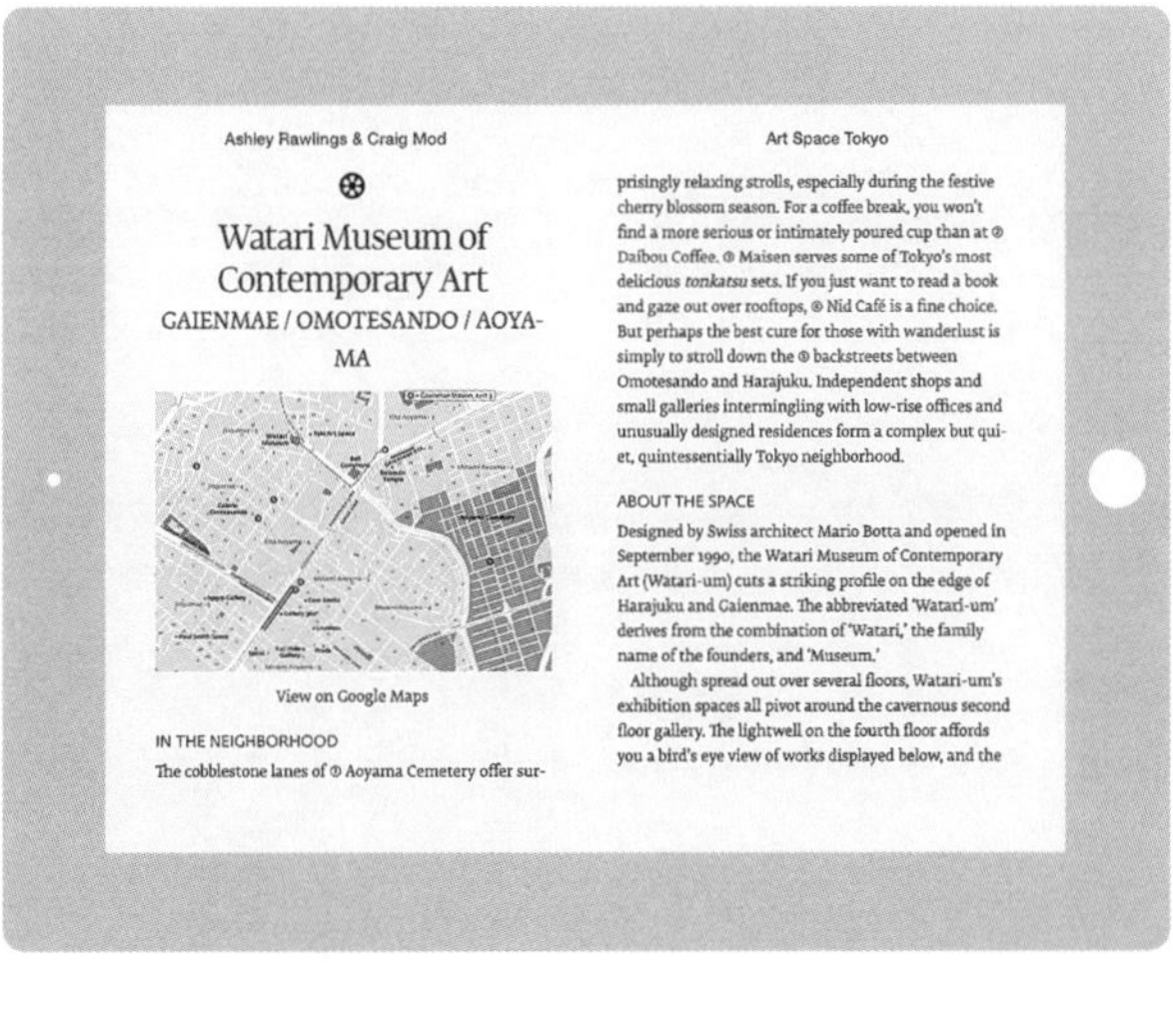

Ashley Rawlings & Craig Mod

⊛

Watari Museum of Contemporary Art

GAIENMAE / OMOTESANDO / AOYAMA

View on Google Maps

IN THE NEIGHBORHOOD

The cobblestone lanes of ⑤ Aoyama Cemetery offer surprisingly relaxing strolls, especially during the festive cherry blossom season. For a coffee break, you won't find a more serious or intimately poured cup than at ⑥ Daibou Coffee. ⑦ Maisen serves some of Tokyo's most delicious *tonkatsu* sets. If you just want to read a book and gaze out over rooftops, ⑧ Nid Café is a fine choice. But perhaps the best cure for those with wanderlust is simply to stroll down the ⑤ backstreets between Omotesando and Harajuku. Independent shops and small galleries intermingling with low-rise offices and unusually designed residences form a complex but quiet, quintessentially Tokyo neighborhood.

Art Space Tokyo

ABOUT THE SPACE

Designed by Swiss architect Mario Botta and opened in September 1990, the Watari Museum of Contemporary Art (Watari-um) cuts a striking profile on the edge of Harajuku and Gaienmae. The abbreviated 'Watari-um' derives from the combination of 'Watari,' the family name of the founders, and 'Museum.'

Although spread out over several floors, Watari-um's exhibition spaces all pivot around the cavernous second floor gallery. The lightwell on the fourth floor affords you a bird's eye view of works displayed below, and the

きてしまう。これを解消するために、記事の見出しを中央ぞろえに変更した。iBooks版をiPhoneで見ても、デザインと文字のスタイルが同じように反映されている。もちろん、これらの点はウェブ版で見ても同じである。

紙の本から電子本への移植は、必ずしも一対一対応である必要はない。しかし良質なデザイン性があれば、メディアの垣根を越え、新しいメディアに適応した移植が可能になる。「良いデザインとは何か？　それは渡り歩いて行くデザインである」[14]。フランク・キメロ（Frank Chimero）はそう語っている。

これで完璧？　まだだ。でも、かなり良いところまで来ている。このままでも十分許容範囲ではある。しかしこれらのプラットフォームは誕生から日が浅く、発展の途中である。成熟していくにつれ、より美しく、より洗練された電子本を目にするだろうし、作り上げてもいくだろう。

2年後の世界

2010年にiPadの販売が開始された。Kindleも注目されてはいたが、一気

14　『The Shape of Design（デザインのあり方）』フランク・キメロ、2012年

15　「Kindle books official take over print sales at Amazon（Kindle向け電子本がAmazonの販売部数で紙の本を越える）」Engadget、2011年5月。「Amazon Kindle selling more than 1MM per week（Kindleの週間販売台数が100万台以上を記録）」Bloomberg、2011年12月

16　この二つの違いについてぼくは、本書第一章の中で検討している。

写真左　『Art Space Tokyo』——iPhoneで見るibooks版

に売り上げを伸ばすのは２０１１年、まだ少し先のことである。[15] 当時のぼくたちは電子の本や雑誌に関して「新しいデバイスにどうやって本や雑誌を移植するか」を考えていた。「デジタルが本や雑誌にどのような影響を与えるか」とは考えてもいなかった。[16]

現在のiBooksとKindle（iOS用／Android用アプリや専用デバイス）と２０１０年のiBooksとKindle（アプリと専用デバイス）を比べてみても、表面的な違いはそんなにない。どちらもＥＰＵＢやそれに類するファイルに対応した画面が表示される。

世界中どこだって

むしろ、２０１０年からの2年間で大きく変化したのは、企画の実現方法と商品の流通経路だ。クラウドファンディングから出版の元手を得ることができるようになった。そして一つのファイル——そう、たった一つ——のＥＰＵＢを作るだけで、世界中ほとんどすべてのモバイル機器へ向けて出版ができるようになった。Amazon、Apple、B&N（バーンズ・アンド・ノーブル）はマスマーケットへの流通と販売を行っている。ＥＰＵＢのダウンロードリンクをバラまけば、アフリカでも、インドでも、南米でも、タイやベトナムでも（任意の地名を並べ

ただけだ）、誰もがダウンロードして、モバイルで読むことができる。読書のためのデバイスはほとんどどこにでもある。[17] そしてサポート、流通、購買の層も各地に広がっている。

これからもっと多くの読者がデジタルで読むようになる。もっと多くの著者が読者に向けて直接本を売るようになる。[18] デジタルの外の世界では、小さな出版社が流通業者と手を組んで、在庫不要のオンデマンド印刷事業を始めている（たった5年前ですら考えられなかったことだ）。つまり、システムが変わったのだ。

そしてその後…

デバイスが広く普及し売り上げも好調な現在、今度はプラットフォームが成熟する番である。Kindleは、ここ数年ほとんど変わっていない。iBooksは、オンラインであれオフラインであれ、いまだにハイライトを集める場所がない。そればかりか、ソーシャルリーディング機能導入への動きが少しも見られない。Readmill（リードミル）のようなスタートアップはソーシャルリーディングへの魅力的な回答を提示しているが、iBooksやKindleのエコシステムと直接つながっていないため、使いたいと思ってから実際に使うまでに多くの煩わしいステップを踏まなければならない。

17 「E-books for smart kids on 'dumb' phones（賢い子供が「時代遅れ」の携帯で読む電子本）」Yahoo! Finance、２０１２年4月。「Almost 90 percent of people in South Africa own a mobile phone（南アフリカの約90％の子供が携帯電話を所持）」Frog Design、Project M

18 「A list of 170 + authors who have sold more than 50,000 self-published ebooks to date（セルフ・パブリッシングで5万部以上売り上げた１７０人以上の作家最新リスト）」Self-Publishing Success Stories、２０１２年5月

手探りの状態にある電子出版において、最小の投資で最大の効果をあげるにはどうすればいいかと考えている出版社があるならば、オープンスタンダードのEPUBを採用すればいい。もしも、マルチデバイス対応でクラウドシンクも可能なプラットフォームを一から設計し、十分な開発チームを雇い、オープンスタンダードを新たに構築する労をいとわず試行錯誤する、という意気込みがあるのでなければ、いちばんいいのは既存のプラットフォームを活用することだろう。

そう遠くない昔、電子本など存在しなかった。Kindle も iPad もなかった。そこには自己完結的な物質があった。ネットワーク化されていない物質が。今と昔で唯一違うのは、それらの物質が互いに手をつなぎ始めたということである。物質の中身は変わっていない。しかし手をつなぐというこのささやかな一歩が、大きな変化を引き起こす可能性もある。ぼくたちがプラットフォームと手を組んだ本作りを続ける先に、その変化があるのかもしれない。

第七章

形のないもの←→形のあるもの

デジタルの世界に輪郭を与えることについて

重さ

ぼくたちは長い旅路の末、ビットの世界で途方に暮れていた。

製品には旅立つ瞬間がある。開発の終わりを迎える瞬間。エマーソン・ストリートとユニバーシティ・アヴェニューが交差する一画に座っているときにも、カフェでコーヒーを飲んでいるときにも、終わりはすぐそこにある。

それじゃあね、製品はこっちに向かって手を振っている。あなたの目の前で。おしまい(あるいは、ひと区切り)。そうやって見送っていると特別な感慨が湧いてくる——苦労してここまでチームでやってきたこと、それがまさに今、終わろうとしている——あなたには様々な感情が押し寄せてくる。

ぼくたちがそこまでたどり着いたのは２０１１年11月のことだった。もうじきiOSのApp Storeにアプリがリリースされる——すばらしい技術を結集させたアプリが。でもそれはバージョン１・０の話……どこまで続くだろう？　バージョン１・１や１・２が出るまでには、どれほどの時間が費やされるだろう？　２・０が出るまではどれくらい？　１・０のことが思い出せなくなるくらい？　それとも、想定通りの期間？

ぼくは知りたくなった。ぼくたちは何を作ったのだろう?
あれこれ調べてみて、わかったのは以下のこと。

共有フォルダにある997のデザイン案
9569のgitコミット（変更記録）
スケッチがビッシリの本の束
ローンチパーティでの写真の数々

ここで一つの疑問が浮かんだ。
「この重さはどれくらいだろう?」

ビット

3・6キロ。
え?

3・6キロ。それが総重量。
まあ、このことについては後で触れよう。

オンとオフ

ジェイムズ・グリックの『インフォメーション　情報技術の人類史』では、インフォメーションという概念を、オンとオフという状態を用いて説明している。

> ビットは異種の素粒子と見ることもできる。極小であるだけでなく、抽象的な概念でもあり、二進法、双安定的《フリップフロップ》、二者択一という属性を備えているからだ。（15頁）

そして、この考え方は次のような分野にも取り込まれている。

> ［リックライダーは］言語音声の量子化のための方策に取り組んでおり、それは音声波を〝双安定回路《フリップフロップ》〟で再生産できる最小の量に縮小するという発想（304頁）

ぼくたちは、物質についても似たようなオンとオフの二進法の時代に突入している。高度な物質化の時代。物質を分解して転送、そして再物質化、スタートレ

1　一つ具体例をあげよう。nytimes.comから送られて来るメールをスクロールするのは心地いい。そこには輪郭があり、頻繁には更新されず、すべてを見渡せるような気がする。

ック・スタイルだ。デジタルから物質へ、またその逆への変換は、ますますスムーズなものとなっている。

だからこそ、

ぼくたちはその変換で何を得ている？

その変換は、どのような面でぼくたちの経験に新たな光をもたらし、デジタルと物質についてのより良い理解を促している？

こうした問いが、ここ数年繰り返しぼくの頭に浮かんでいた。

デジタルから物質への変換は、無限のものを有限のものにすることだというのはなんとなく想像がつくだろう。はっきりとした輪郭のない空間から、輪郭のある一つの物質を作るのだ。

輪郭を作るとは枠組みを作ることであり、デジタルのものを感受する際の大きな手助けになる、というのは今では誰の目にも明らかなことだが、ぼくは2011年にiPhone版Flipboardの制作を手伝ってみて、そのことが初めてよくわかった[1]。輪郭があることが、制作過程を見渡すためにどれほど重要なことかをようやく理解し始めた。輪郭は、ビットの世界の旅における見取り図になるのだ。

これは、ほとんどがデジタル・スペースで行われるぼくたちの旅を振り返り、見直すためのエッセイだ。デジタルの旅の経験を、どうすればしっかりと自分のものにしておけるか。旅の経験に輪郭を与え、触れられるようにすることは一体どんな意味を持つのか。そして、あわよくば、ぼくたちが成し遂げた仕事の重みを知りたいと願うエッセイだ。

アプリ

2011年12月

チームは、iPhone版Flipboardの案を練り、磨きをかけ、作っては改善するという作業に1年の大半を費やした。それは厳しい道のりで、膨大な数のアイデアが試された。何度も何度も、ボタンの場所や画面遷移（の数々）に関する試行錯誤が繰り返された。

12月までに、アプリは使用感やデザイン、そして情報アーキテクチャの観点から隅々まで解体され、磨き上げられ、なめらかに仕上げられていった。それだけでなく、基盤となるエンジニアリングも、確実な動作に向けたテストにさらされ、

写真左　iPhone版Flipboard
バージョン1・0

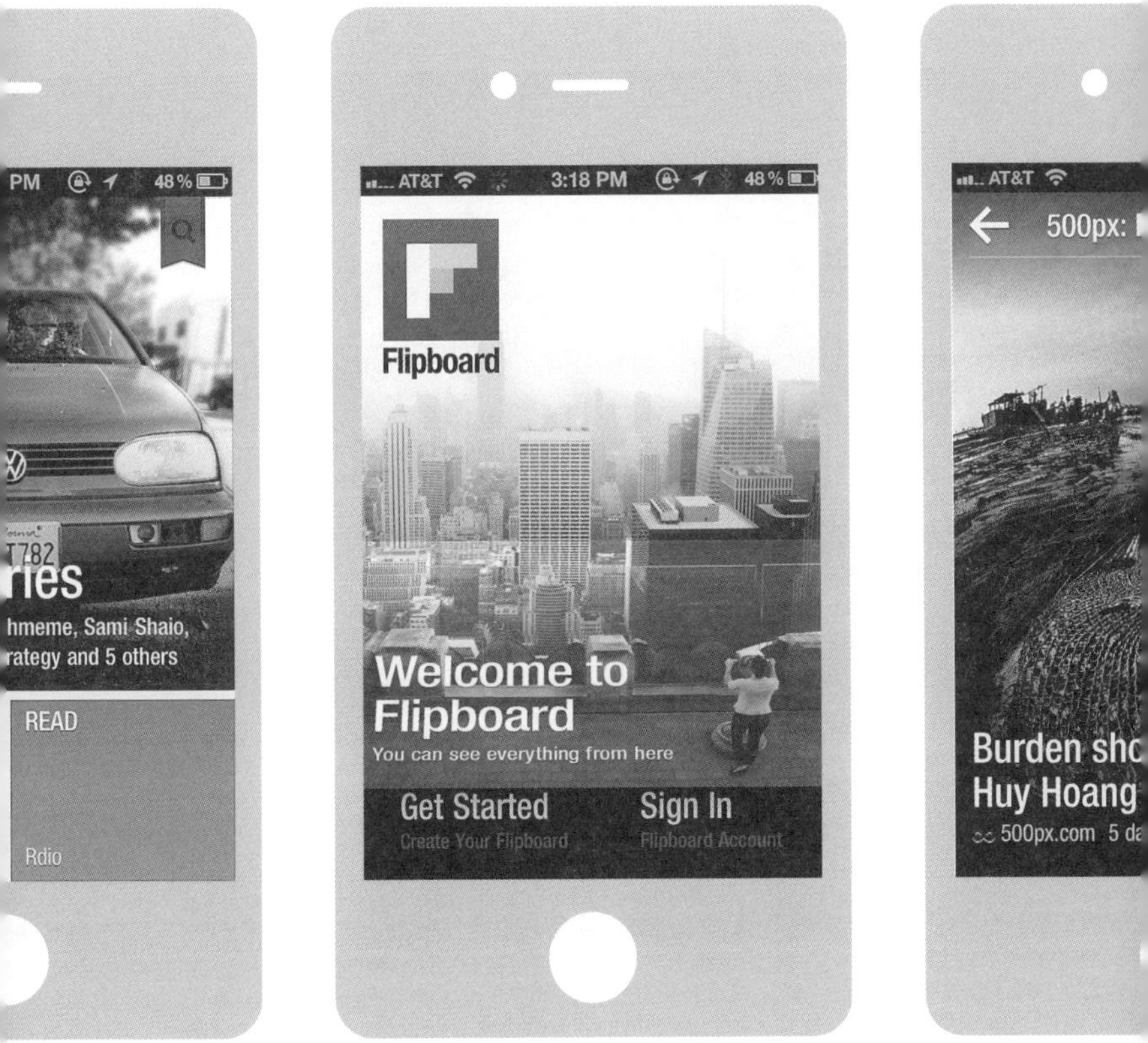
READ
Rdio
AT&T
3:18 PM
48%
Flipboard
Welcome to
Flipboard
You can see everything from here
Get Started
Create Your Flipboard
Sign In
Flipboard Account
AT&T
500px.com

隅々まで鍛え上げられていった。作っては壊すの繰り返しだった。

わざわざこんなことを語るのは、アプリ制作過程における試行錯誤の大変さをぼくらは肌で感じていたということを強調するためだ。**確実に、ぼくらはモノを作っていた。**それも、大量に。作っては放棄し、さらに多くのモノを作っていった。際限のない実験の繰り返しから学び取ったことを積み上げていった。

制作期間中ずっと、デザインとエンジニアリングの試行錯誤を、いくつも同時に進めていた。完成したアプリは、本物の技術者たちが一体となってその技術を結集した最高のものとなった。

幾重にも連なるこうした過程は、ほとんどがデジタル・スペースで行われている。デザイン案はPhotoshopやFireworksで生み出され、iPhoneに反映される。フォルダはチーム全体で共有される。情報アーキテクチャはIllustratorやIn-Designによって設計される。

iOSソフトウェアの変更にも細かな作業が必要になる。現代のほとんどの制作環境では、エンジニアがプログラムに変更を加えると、その変更は「コミット・メッセージ」と共にソースコード・リポジトリに保存される。そのメッセージに

2　こうしたことを詳しく知りたければ、ウィキペディア(ja.wikipedia.org/wiki/バージョン管理システム)に行けば、バージョン管理やgitのようなソフトウェアのすべてを教えてくれる。

3　「リアルな」ものを「ハンドメイドで」生み出そうという最近の潮流は、ぼくたちを覆っているデジタル世界のつかみどころのなさに対する反動という面があると思う。「Do Lectures」のようなカンファレンス(www.thedolectures.com/)。ブルックリンのピクルス屋のような新しい店(brooklynbrine.com)。デジタル森林避難民たち(beaverbrook.com/)。手で作ること、そして物質性をめぐって、新しい何かが動き出しているように感じる。

は、プログラマによる変更内容が簡潔に記される。大きなプロジェクトでは、コミットの数が数千を超えることもザラにある。変更には「切り替え速度を0・4秒から0・6秒に変更」といった小さなものから、「正式サーバへ切り替え！」といった大きなものまである。iPhone版Flipboardでは、こうしたコミットが1万近く積み上げられた。[2]

そうやってぼくらはアプリを作っていった。コミットにコミットを重ね、デザインフォルダは膨れ上がり、写真フォルダにはスクリーンショットが散らばっていった。そう、**作れば作るほど、デジタルの残骸が増えていったのだ。**

デジタルのつかみどころのなさ

デジタルの世界でモノを作る際、多くの人が「つかみどころのなさ」を感じているのではないかと思う。そのつかみどころのなさは、コンピュータでの作業にはつきものだ。ビットの世界でモノが作られるようになればなるほど、作っているものが頭の中で雲のようにどんどんつかみにくくなっていく。[3]

具体的な例をあげよう。アイテムが1個しか入っていないフォルダも、10億個のアイテムが入っているフォルダも、全く同じに見えるのだ。10億個のアイテム

もちろん、すべては偶然で、ぼくらの世代がスクリーンにうんざりしているだけなのかもしれない。

が入ったフォルダも、たった1個のアイテムが入ったフォルダと全く同じものに感じる。フォルダを開いたときでさえ、現在のほとんどのインターフェースでは、一度に見られるのはスクリーンいっぱいの情報、一握りのアイテムがせいぜいだ。

一定の量を超えると、データはぼくたちにとって感覚的に把握できないものとなる。クラウド保存によってその傾向は加速している。ぼくたちはもうハードディスクの残量すら気にする必要がなくなった！　デジタルの情報にハッキリとした始まりと終わりがあるときでも、ぼくたち——人間は——その隅から隅までを一望することが苦手である。標準的なインターフェースでビットの世界の活動やデータのまとまりを一望しようと試みると、無限について考えるときと同じ壁にぶつかることになる。試みても、把握できないのだ。[4]

iPhone 版の完成

iPhone 版 Flipboard の完成が近づくにつれ、ぼくはあのデジタルの残骸について考えるようになった——ぼくたちの物語、ぼくたちの旅の証について。驚いたのは、ぼくらはたしかに長い旅に出たのに、そんな旅などどこにも存在しないように感じたことだった。

4　もちろん、ここで言っているのは主にインターフェースの問題だ。つまり、紙に印刷することだけが、輪郭を与えたり、つかみどころのなさに抵抗したり、デジタルなものを一望するための唯一の手段ではない。ページ順に並べて印刷することは、一つの手段に過ぎないということだ。高解像度の画面とスマートなデザインによっても解決策が出てくるべきだし、出てくるはずだ。

もちろん、デザインフォルダを開けば、膨大な量のデザインの変遷を眺めることはできる。gitリポジトリをのぞけば、ほとんど無限に近い数のコミット・メッセージをスクロールで追うことはできる。

でも。それにしても。あの薄っぺらさ！　壮大な旅をしたという実感と、その旅がたった一つのフォルダに――デジタル上の情報が集まる非物質的な霧の中に――収められているという事実の間で立ち尽くしてしまう。

その年の終わりにFlipboard社を去ることになっていたぼくは、ぼくらの旅を具現化する何かを求めていた。旅に輪郭を与えたい。自分のために。会社のために。そこでぼくは――データを変換《フリップ・フロップ》した。紙の本を作ったのだ。

『The Umbrellas（アンブレラ）』

ここで少し別の話をしよう。

本という媒体は、一般的に過程を表現するのに適している。しかし、その「過程」とは、ここで語ってきたようなものとは違う。その違いは重要だ。

１９９１年10月９日の陽がのぼり、クリスト&ジャンヌ＝クロード（Christo

イラスト　乾燥室

写真左　クリスト&ジャンヌ＝クロード(Christo and Jeanne-Claude)のアンブレラ・プロジェクト。カリフォルニア（上）と日本（下）。©Wolfgang Volz/laif/amanaimages

and Jeanne-Claude) は、「穏やかな障害物」[5]を作り出すアート・プロジェクトを実行した――それが、「アンブレラ・プロジェクト」だ。日本の東海岸のある地域と、アメリカの西海岸のある地域で、３１００本もの巨大な傘を点在させ、いっせいに広げた。彼らは言う。

> この日米同時に行ったアート作品は、両国の谷間地域の生活様式や土地活用の共通点や相違点を浮き彫りにするもので、総延長は日本側12マイル（19キロ）、アメリカ側18マイル（29キロ）ある。[6]

数年前、立ち寄ったロンドンの小さな本屋の隅っこに大きなテーブルがあった。その上に、とんでもなく大きな本が2冊置かれていた。2巻組のその本は、タッシェン社が出した特別版の『The Umbrellas』で、ぼくは心を奪われた。クリスト&ジャンヌ＝クロードの制作過程を見事に捉えたその二つの物体を、ぼくは何時間も眺めていた。そこに収められていたのは、夢のような情景の実現に向けた計画と、プロジェクトの許可を得るための不断の努力の軌跡だった。その本――その存在感は――山間部と田園地域で行われたインスタレーションの裏でなされた膨大な努力を具現化していた。その本は、彼らの努力と、彼らの旅

5 www.artagogo.com/commentary/christo/christo.htm

6 www.christojeanneclaude.net/major_umbrellas.shtml

を讃えるものだった。

　でも、この本は誰のために作られたものだろう？　それはきっとぼくのためだ——ぼくのような、外部の人間に向けたものだ。


　ぼくが言いたいのはこういうことだ。

　クリスト&ジャンヌ＝クロードにとって、この本は彼らがすでに知っているものに形を与えたに過ぎない。彼らの作業台には計画図が広げられ、書類棚には土地の所有者たちや行政担当者たち、建築士たちや織物業者たち、そして技術者たちとのやり取りが収められている。つまり彼らにとっては、どんなに巨大で大掛かりなプロジェクトであれ、そのすべては彼らの家、彼らの作業場に収められているのだ。彼らのプロジェクトは、ファイルや書類や棚の中に物理的に存在している。『The Umbrellas』という本の大きさが、クリスト&ジャンヌ＝クロードにプロジェクトの大きさを教えているのではない——彼らは、作業場のドアを開けるたびに、プロジェクトの大きさを体感しているのだ。

　もう一つ重要なのは、クリスト&ジャンヌ＝クロードが外部から直接資金を受け取っていたわけではないということだ。彼らは、制作過程で生まれた残骸を売ることでプロジェクト資金のほとんどを得ている。

2600万ドルの資金を調達することができた――準備段階でこぼれ落ちたもの、ドローイング、コラージュ、スケールモデル、初期段階の作品、オリジナルリトグラフを売ることで。[7]

2600万ドルのスケッチたち！　彼らがどれほど制作過程に自覚的かがわかるだろう。自らの創造性の残滓を売ることで、彼らは資金を調達していたのだ。

『The Umbrellas』は彼らの制作過程に形を与えた本だが、それは彼らの作業場にアクセスできない外部の人間に向けられたものだ。残骸だらけの混沌とした作業場を一度も見たことのない人たちに向けられたものだ。

そう、だから『The Umbrellas』はぼくたちのための本だ。彼らの制作過程が収められ――すべては把握できないにしても――少なくともそれを見渡すための枠組みをぼくたちに与えてくれる。輪郭をつけて。けれどクリスト&ジャンヌ＝クロードにとっては、『The Umbrellas』という本は一つの形式に過ぎない。どちらかと言えば、プロジェクトの圧倒的な皮膚感覚をわずか2冊の本に縮めて収めたに過ぎない。

7　www.christojeanneclaude.net/major_umbrellas.shtml

8　だからこそ、優れたプロジェクト・マネージャーの存在が重要になる――これまでとこれからを知った上で現在を見定め、制作過程の全体を見渡す存在が。触れることのできないソフトウェアの制作過程に、はっきりとした輪郭を与え、枠組みを作る達人であると同時に、エンジニアリング、デザイン、マーケティング、どの分野も正しいスピードで、正しい役割を与えられて進行しているかをチェックする。ラリー競技におけるコ・ドライバー（ナビゲーター）のようだ。

こうして話は元に戻る。コンピュータの世界における制作過程の残骸について考えてみると、規模を把握する人間の能力に面白いことが起こっているのがわかる。外部の人間だけでなく、制作しモノを作っている内部の人間にとっても、ということだ。たとえそれが、クリスト&ジャンヌ=クロードであったとしても。

すべてのやり取り、デザイン、アイデア、スケッチ——つまりすべての制作過程——がビットの世界で行われるとき、ぼくたちはつながりを失う。まるで、すべての制作過程がたった一つの点——重みもなく、輪郭もないたった一つの点——に回収されてしまうかのように感じるのだ。デジタルの世界でモノを作っていると、さっきまで自分がどこにいたのか、今自分がどこにいるのか、そして明日どこにいるのかも、どんどんわからなくなっていく。[8]

iPhone版Flipboardの制作が終わり、ぼくはその重みも輪郭もない1点に形を与えてさわれるものにすることで、制作の価値を理解したいと考えた。手にできる形にはいろいろあるけれど、本にするのがいちばんシンプルな方法だと思った。

とはいえ、その本は『The Umbrellas』とは正反対の性質を持つことになる。その本は、ぼくらの制作過程を縮めて収めるものではない。代わりに、形を持たないデジタル上の制作過程に、重さと輪郭を与えることを願う本だ。

本

そういう訳で

共有フォルダにある997のデザイン案
9569のgitコミット
スケッチがビッシリの本の束
ローンチパーティでの写真の数々

この重さはどれくらいだろう?
長さ276ページ。大きさ30センチ×30センチ。重さおよそ3・6キロ。

表紙にはコミット・メッセージが刻まれている——コードベースの最初のメッセージ。それはハックであり、挑戦であり、可能性だ。ソフトウェア開発が始まる正確な時間というのはいつも曖昧なもの。開発の多くは、最初のメッセージよりも前から始まっている。そして、より力の込もった開発はこの後から始まる。
しかし、最初のメッセージが打たれたその瞬間に、製品はアイデンティティを持

写真左上　『iPhone版Flipboard』最初のコミット・メッセージ詳細
写真左下　30センチ×30センチ
（撮影：マルコス・ウェスカンプ）

424806b4436ae502352e78ab251f4822c93d2a0f
First hack of the iPhone version Flipboard.
Currently hardcoded to show the FlipTech feed.
Sat Feb 19 2011 21:35:55 GMT-0800 (PST)

First hack of the iPhone version Flipboard.
Currently hardcoded to show the FlipTech feed.
Sat Feb 19 2011 21:35:55 GMT-0800 (PST)

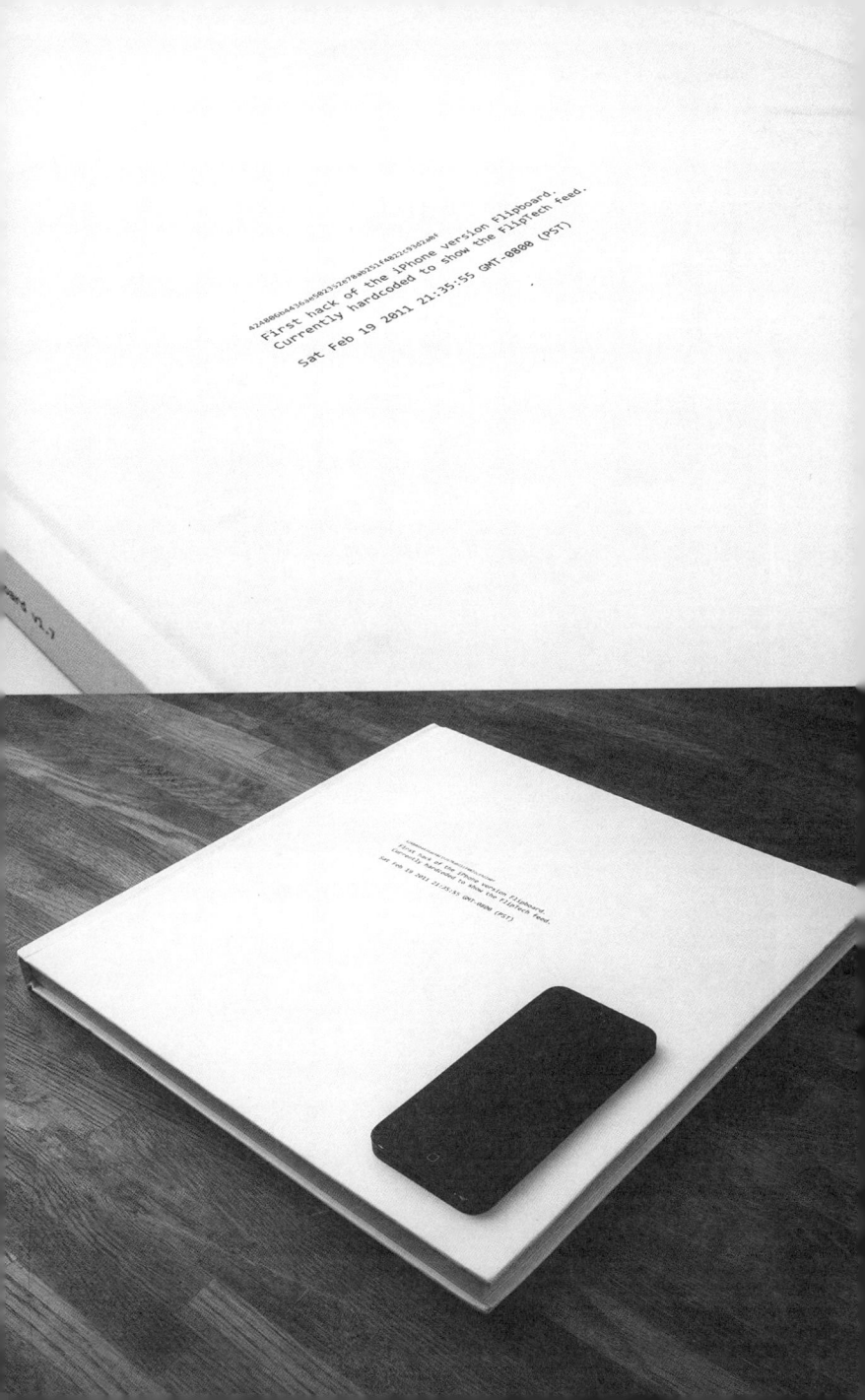

つ――そのメッセージは未来への種だ。

　ぼくが好きなのは過剰なまでに細かい時間の記録だ――アメリカ西海岸標準時（GMTマイナス8時間）、土曜の夜9時35分55秒。おそろしいほど具体的！

　ロマンチストたちは、デジタルへの移行による物質性の喪失を、人間性の喪失と結びつけたがる。よく引用されるのは、作家レイモンド・カーヴァーと彼の編集者ゴードン・リッシュのやり取りだ。発見された手紙に残る鉛筆の跡や注釈のおかげで[9]、リッシュの存在がカーヴァーの声を形成するのにどれほど役立ったかを、ぼくたちは知ることができる。

　リッシュは大鉈を振るい[10]――ミニマルな文体に仕上げたが――キャリアの後半でカーヴァーの編集者が変わると、読者は彼の文体が変わったと誤解した。

> カーヴァーの後期の作品が初期に比べて冗長だと言う人たちは、単にカーヴァーが昔から冗長だったという事実を知らないだけだ[11]。

　こうした話を聞いて制作過程の裏側をのぞいた気分で興奮するのなら、今後はもっと興奮することになるだろう。

9 「Letters to an Editor（編集者への手紙）」2007年、ニューヨーカー

10 「Being Raymond Carver（レイモンド・カーヴァーになる）」ニューヨーカー

11 「The Real Carver: Expansive or Minimal?（本当のカーヴァー：冗長か、ミニマルか）」2007年10月17日、モトコ・リッチ、NYタイムズ

写真左　リッシュによる変更。カーヴァーの『ビギナーズ』

『iPhone版Flipboard』の表紙に刻まれた過剰なまでに細かい時間の記録――デジタル上の極めて具体的な時間――は、コミットの山の一端、いわゆるデジタル上のメタ・データのほんの一部に過ぎない。

今後は、カーヴァーの原稿の変更履歴がGPSつきで見ることができるかもしれない。彼がどこで書いたか、いつ書いたか。制作過程のすべてを再現することだってできるはずだ。もし望めば、ヘミングウェイが、スペインで、『日はまた昇る』を書く過程を追うこともできるだろう。

そんなのぞき見のようなことが、現実になっている。2011年にStypiというスタートアップが文書の制作過程を再現するサービスを開始した。タイピングの一つひとつまでも再現する。URLで文書を共有することで、読者はその文書の制作過程を再生することができる。Yコンビネータの創設者（かつStypiの投資者）ポール・グレアムは、このアプリケーションを使って2011年11月に「スタートアップ13ヵ条」[12]というエッセイを書いた。ポールの執筆過程を目撃するのは楽しくもあり刺激的だ。彼がエッセイを書く過程を眺めていると、とても人間的な親しみを感じることができる。

『iPhone版Flipboard』もまた、親しみを感じるようなメタ情報を含んだ表紙

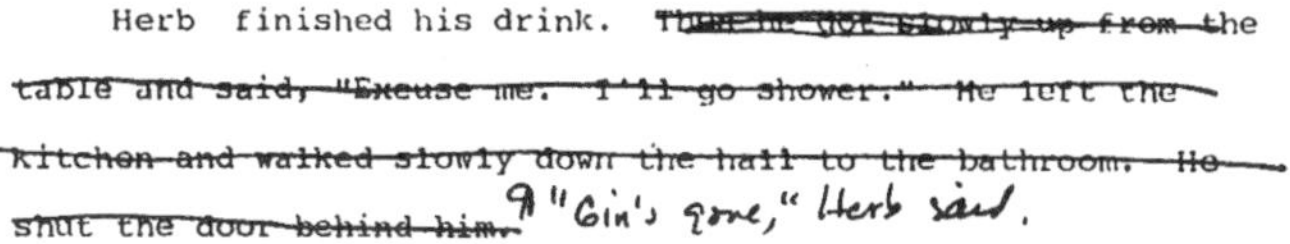

Herb finished his drink. ~~Then he got slowly up from the table and said, "Excuse me. I'll go shower." He left the kitchen and walked slowly down the hall to the bathroom. He shut the door behind him.~~ ¶ "Gin's gone," Herb said.

で始まり、最後のコミット・メッセージが刻まれた裏表紙で終わる。デジタルから物質に変換するにあたり、アプリのデジタル上の輪郭を——最初と最後のコミット・メッセージを——この紙の本の枠組みとして採用した。

最初のコミットは、土曜の夜遅くに行われた。そして最後のコミットは、果てしないコーディングの旅を経て、火曜の朝４時47分に行われた。この具体的な記録には、妙にロマンチックなところがある。エンジニアが最終決定を下すべくEnterキーを押すまさにその瞬間を、想像することができる。iPhone版Flipboardアプリはまさにその瞬間に生まれ、制作はその瞬間に終わったのだ。

本を開くと、月ごとの経過が、デザインとエンジニアリングの両面から見られるようになっている。2月にＨＴＭＬとして始まったFlipboardは、12月にアプリとして完成した。

この形——紙の本——のほうが、スクロールで見るよりも、デザイン変更過程の大変さを理解しやすい。情報アーキテクチャ案のページ、ノートに書かれたスケッチのページ、グリッド線の試行錯誤が一覧できるページ。デジタルから物質へと変換されたことで新たな明確さを得た。[13]

そして後ろのほうにはコミット・メッセージ。９５６９個全部だ。[14] コミット・

12　エッセイは彼のブログに載っている。そこでStypiでの執筆の「パフォーマンス」を見ることができる（code.stypi.com/hacks/13sentences）。グレアムのHacker Newsでは、エッセイへのリアクションなどを読むことができる（news.ycombinator.com/item?id=3216529）。

13　紙に印刷することの恩恵とは、その美しさと大きさにあるだろう。もし紙のように美しいスクリーン（２０１２年のiPadのような）が大きなサイズで実現できれば、紙に印刷したときと似たような感覚を、部分的であれ再現できるだろう。

メッセージがびっしり詰まったページをめくっていくと、開発が新たなフェーズに入ったこと、新たな開発者たちがプロジェクトに参加し始めたことが実感できる。そして最後に、ローンチパーティの写真の数々。写真は、Instagram や Flickr でジオタグ検索してコッソリ集めた。

デジタルであるがゆえに触れることのできなかった iPhone アプリ開発の全貌が、３・６キロの本に刻み込まれ、確かなものとなった。形のないものから形のあるものへ。雲をつかむようなものだった数ヵ月の工程が、把握できるものへと落とし込まれる。

配達

Blurb という会社[15]にオンデマンド印刷を頼んでいた本は前触れもなく届けられた——ある朝、会社のデスクに宅配便の四角い箱がポツンと置かれていた。

さあ、これがぼくたちのデザインと開発の重さだ。箱を開けて取り出しながら、その圧倒的な存在感を前にして言いようのない喜びが湧いてきた。その感情的反応は、InDesign の画面からは得られないものだった。その感情は、もちろん、

14 git log --pretty = format:'%h %an %ai %s' {{{first_commit_hash}}}..HEAD --reverse > everything.txt より。詳しくはこちら (gitready.com/advanced/2009/01/20/bend-logs-to-your-will.html)

15 オンデマンド印刷には、もう何年も Blurb を使っている。彼らのサイトには InDesign のテンプレートもあるし、PDF の製本指定書もある。紙の種類、製本の種類にも様々なオプションがある。おまけに、Blurb というすばらしい会社とその CEO アイリーン・ギティンズは、美しい本が誰の手にも届くように、努力を続けている。

AT&T 4:26 PM 100%
Twitter
John Shure
he Sartorialist
On the Street, Berzelii
Park, Stockholm &
Other Long Headlines
15 min
Shared by John Shure
Popular with 3 of your friends
AT&T 4:26 PM 100%
The Sartorialist
On the Street, Berzelii
Park, Stockholm &
Other Long Headlines
15 min
John Shure
This is something I saw the ...
AT&T 4:26 PM 100%
The Sartorialist
On the Street, Berzelii
Park, Stockholm &
Other Long Headlines
15 min
John Shure
This is something I saw the other
day over at the farm.
AT&T 4:26 PM 100%
The Sartorialist
On the Street, Berzelii
Park, Stockholm &
Other Long Headlines
15 min
John Shure
This is something I saw the other
day over at the farm. It was an
amazing thing.
AT&T 4:26 PM 100%
The Sartorialist
On the Street, Berzelii
Park, Stockholm &
Other Long Headlines
15 min
John Shure
This is something I saw the other
day over at the farm. It was an
amazing thing.
AT&T 4:26 PM 100%
The Sartorialist
On the Street, Berzelii
Park, Stockholm &
Other Long Headlines
15 min
John Shure
This is something I saw the other
day over at the farm. It was an
amazing thing.
125

AT&T 4:26 PM 100%
Twitter
John Shure
The Sartorialist
On the Street, Berzelii Park, Stockholm & Other Long Headlines
John Shure
This is something I saw the other day over at the farm. It was an amazing thing.
AT&T 4:26 PM 100%
Twitter
John Shure
Popular with 3 of your friends
The Sartorialist
On the Street, Berzelii Park, Stockholm & Other Long Headlines
John Shure
This is something I saw the other day over at the farm. It was an amazing thing.
AT&T 4:26 PM 100%
Twitter
John Shure
The Sartorialist
On the Street, Berzelii Park, Stockholm & Other Long Headlines
Popular with 3 of your friends
John Shure
This is something I saw the other day over at the farm. It was an amazing thing.
AT&T 4:26 PM 100%
Twitter
John Shure
The Sartorialist
On the Street, Berzelii Park, Stockholm & Other Long Headlines
Popular with 3 of your friends
John Shure
This is something I saw the other day over at the farm. It was an amazing thing.
AT&T 4:26 PM 100%
Twitter
John Shure
Popular with 3 of your friends
The Sartorialist
On the Street, Berzelii Park, Stockholm & Other Long Headlines
John Shure
This is something I saw the other day over at the farm. It was an amazing thing.
AT&T 4:26 PM 100%
Twitter
John Shure
The Sartorialist
On the Street, Berzelii Park, Stockholm & Other Long Headlines
Popular with 3 of your friends
John Shure
This is something I saw the ...
124 September

一つのものがデジタルで表現されたときと物質となって現れたときの認識の落差から生まれるものだ。二つが同じデータから生まれたものであればなおさらだ。

仲間たち

ローンチ後のプロジェクト分析は、昼下がりの陽が降り注ぐ静かな部屋で行われた。巨大な木製のテーブルの周りに、iPhone版Flipboardのチームが集まった。その数10人から15人。うまく行ったのはどこか？　うまく行かなかったのはどこか？　次はどう改善できるだろうか？

ぼくたちは厳しかった旅の道のりを語り合った。「でも」、ぼくは声を上げた。ぼくたちの旅は――そしてその教訓は――シリコンバレー特有の、ローンチ後の慌ただしさの中で薄れていってしまうのではないかと心配だったのだ。何がうまくいって何がうまくいかなかったかを考えるのもいいけど、そもそもその前に、「ぼくらがやったことは一体なんだったのだろう？」

ぼくはカバンから巨大な本を取り出し、テーブルにドスンと置いた。チームのみんながページをめくり本の内容に気付いたとき、部屋が不思議な安心感で包まれたのがわかった。形のなかったぼくたちの厳しい制作過程に、ついに形が与え

写真前頁　『iPhone版 Flipboard』――くり返し、くり返し、くり返し

られたのだ。きっと、この本は、いつもなら終わりを感じることのない制作過程に終わりを与えたのだ。そして実際にこの本は、ぼくらが行った濃密なインターフェースの冒険を保存するものとして機能している。

この本は、会社の外部の人間に向けて作られたものではない。おかしなことだけれど、この本は、まさにこの本に収められたものを作った仲間たちに向けて作られたものだ。プロジェクトと制作過程をいちばんよく知るはずの、でも——デジタルという性質ゆえに——自分たちが作ったものを見渡し、その重さを知ることができずにいた仲間たちに向けて。

『The Umbrellas』という本は、消費者へ向けたもの。
『iPhone版Flipboard』という本は、制作者へ向けたもの。

二者択一、オンとオフ

このようなハードカバーの本は、EPUBやMobiファイルといった電子出版への移行の産物だということも覚えておく必要がある。『iPhone版Flipboard』も、5年前ならほとんど不可能だった。ぼくが作ったのは2冊。巨大な、フルカラーの本を2冊！　そしてその2冊は、ぼくがデータを送った10日後に届けられた。ちょっとした奇跡だ。

……二進法、双安定的《フリップ・フロップ》、二者択一。

形のないもの↔形のあるもの。

一部分だけれども…

もちろん、『iPhone版Flipboard』は制作過程のすべてをきちんと具現化したものではない。

スタートアップに参加している人ならわかると思うが――制作物にはチームの計り知れない努力が染み付いている。睡眠不足、筋肉量の低下、ストレス。技術上やデザイン上の問題に対する美しい解決策を発見したときには喜び、その解決策がムダになるような別の解決策に気付いたときには落ち込む。深夜のプログラム改良セッション、デザイン検討、内輪のジョーク、けんか、アニメーションGIF、ハイタッチ、にらみ合いで生まれた絆。これらすべてが完成品のどこかに刻み込まれている。すべてはそこにある。すべてが、そしてそれ以上のものが。

もちろんそれは、目で見ることはできない。そこに注ぎ込まれた感情はどうやって表すことができるだろう？　ひと山分とでも言おうか？
ぼくたちが手に入れたいと願っているのは、制作過程の一部分をはっきりと体現したもの——感情の足がかり——だろう。チームの仲間たちが旅の経験を自分のものにすることができる、はっきりとした輪郭を持つ場所だろう。

データに形を与えること。

独特かつ重要さを増しているその価値を、今回のようなプロジェクトは物語っている。データと物質を行ったり来たり。そうした空間を作ること。ビットの世界で不断の努力を重ね、そこに輪郭を与える。こうした試みはぼくたちのデジタル体験をよりわかりやすく、触れやすく、消費しやすいものにする。
輪郭を与えるということは、可視化するということでもあり、感情を与えるということでもある。輪郭があると、重みが生まれる。そうすることで「感じる」ことができる——手でも、心でも。そこまでくれば、自分たちが作ってきたものや辿ってきた道のりについての、よりよい理解が可能になる。

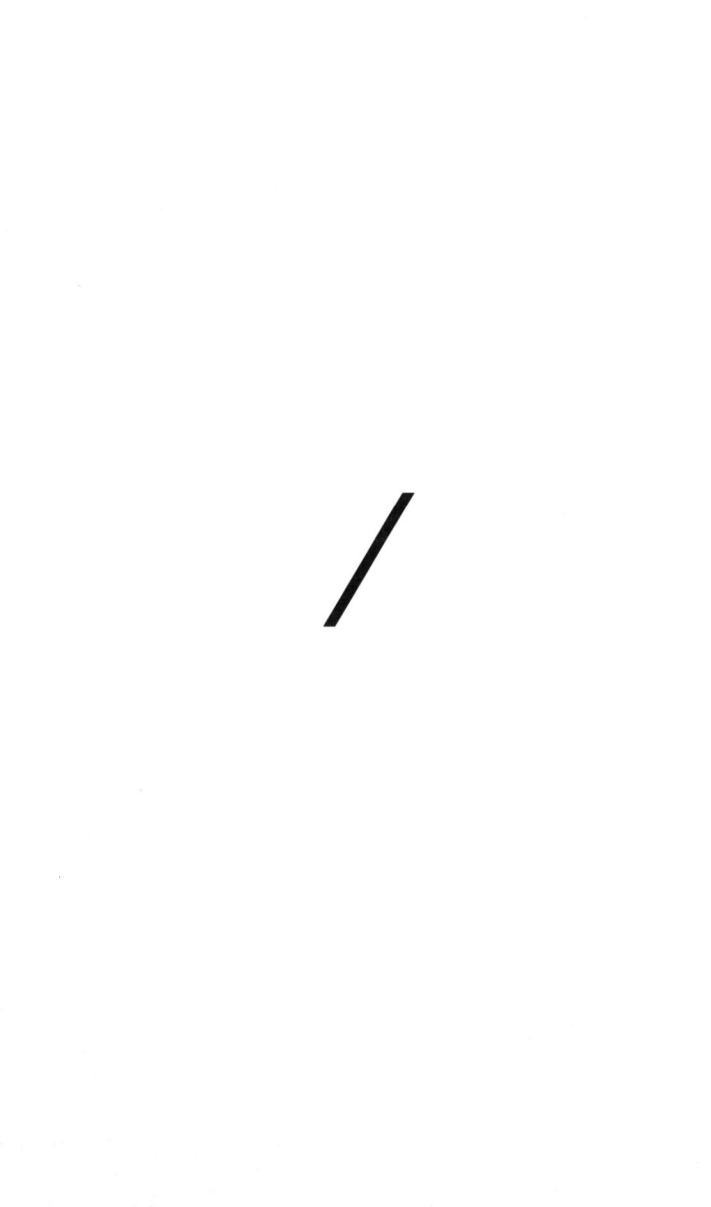

本書は著者のサイト(http://craigmod.com)に掲載されたエッセイを翻訳出版するものです。

第一章　「iPad 時代の本」を考える
Books in the Age of the iPad（2010年3月）
訳：「iPad 時代の本」を考える 翻訳委員会

第二章　表紙をハックせよ
Hack the Cover（2012年5月）
訳：樋口武志

第三章　テキストに愛を
Embracing the Digital Book（2010年4月）
訳：大原ケイ

第四章　「超小型」出版
Subcompact Publishing（2012年11月）
訳：樋口武志

第五章　キックスタートアップ
Kickstartup（2010年8月）
訳：樋口武志

第六章　本をプラットフォームに
Platforming Books（2012年8月）
訳：樋口武志

第七章　形のないもの←→形のあるもの
The Digital ↔ Physical（2012年3月）
訳：樋口武志

48, 49: Chimero, Frank. *The Shape of Design*. New York: 2012.

52: Gutenberg Bible, New York Public Library. © 2009 Amy Allock.
https://www.flickr.com/photos/amyallcock/3669471059

63: “Compositon (植字)”, *Making the Magazine*, pp. 7, Harper’s New Monthly Magazine, No. CLXXXVII — December, 1865, Vol. XXXII..

75: Tillman, Lynne. *What Would Lynne Tillman Do?*. New York: Red Lemonade Press, 2014.

83: N360, Honda, 1967.

89: “Embossing (エンボス)”, *Making the Magazine*, pp. 26, Harper’s New Monthly Magazine, No. CLXXXVII — December, 1865, Vol. XXXII.

98, 99: “The Hoe Rotary Press (ホー型輪転機)”, *Making the Magazine*, pp. 24, Harper’s New Monthly Magazine, No. CLXXXVII — December, 1865, Vol. XXXII.

111: “Hydrolic Press (液圧プレス)”, *Making the Magazine*, pp. 18, Harper’s New Monthly Magazine, No. CLXXXVII — December, 1865, Vol. XXXII.

118: Aldus Manutius printers mark (“Dolphin & Anchor”), 1501.

145-153: “The Making of Art Space Tokyo” Photographs © Craig Mod, 2010.

171: Obama’s Afghanistan, Virginia Quarterly Review, Spring 2010.

173-175: Dresden Codex, Mayan Book, 1000-1100 A.D.
http://en.wikipedia.org/wiki/Dresden_Codex

196: “The Drying-Room (乾燥室)”, *Making the Magazine*, pp. 18, Harper’s New Monthly Magazine, No. CLXXXVII — December, 1865, Vol. XXXII.

197: Christo and Jeanne-Claude, “The Umbrellas, Japan - USA”
Photographs © Wolfgang Volz/laif/amanaimages.

203, 208-209: Mod, Craig. *Flipboard for iPhone v1.0*. Tokyo: PRE/POST, 2011.

題句

i: *The Elements of Typographic Style*

図版リスト

ii: 石

iii: 木 — Engraving 18, “Seybo Tree”; Stephens, John, *Incidents of Travel in Yucatan*, Harper & Bros., New York, 1848 http://www.gutenberg.org/files/33129/33129-h/33129-h.htm

iv: 革

v: 絹 http://marysrosaries.com/collaboration/index.php?title=File:Regal_Moth_(PSF).png

vi: やし — “The Lontar Palm”, *The Garden. An illustrated weekly journal of horticulture in all its branches* [ed. William Robinson], vol. 1: p. 501 (1871).
http://www.plantillustrations.org/illustration.php?id_illustration=198560

vii: 蜜蝋 — Cross, Jeremy, *True Masonic*, 1857, pp. 22.

xiv: 合衆国政府印刷局 - US Government Printing Office, Historical Archives, 1859.
http://www.gpo.gov/about/gpohistory/industry/content/20101028001_large.html

9: Tufte, Edward. *Visual Explanations: Images and Quantities, Evidence and Narrative*. Cheshire, CT: Graphics Press, 1997.

9: Hochuli, Jost & Robin Kinross. *Designing Books: Practice and Theory*. London: Hyphen Press, 2004.

11: Knox, Thomas Wallace. *Overland Through Asia*. Hartford: American Pub. Company, 1871.

14: Torah Brought to Israel, 1949. The Jewish Agency for Israel.
https://www.flickr.com/photos/jewishagencyforisrael/4043841325

15: 蒙古襲来絵詞，三の丸尚蔵館蔵

29: Murakami, Haruki. *The Wind Up Bird Chronicle*. New York: Knopff, 1997.

32, 33: Behbehani, Farah K.. *The Conference of the Birds*. London: Thames & Hudson, 2009.

35: Isaacson, Walter. *Steve Jobs (Kindle Edition)*. New York: Simon & Schuster, 2011.

41, 43: Light, Michael. *Full Moon*. New York: Knopf, 1999.

46, 127, 179: Mod, Craig & Ashley Rawlings. *Art Space Tokyo: An Intimate Guide to the Tokyo Art World*. Tokyo: PRE/POST Press, 2010.

感謝

Special Thanks

Enrique Allen, Joseph & Mina (& Mei!) B.B., Julia Barnes, John Boardly, Frank Chimero, Peter Collingridge, Russell Cummer, Liz Danzico, Evan Doll, Max Fenton, Nicole Fenton, Dylan Field, The MacDowell Foundation, Rob Giampietro, Masaaki Hagino, Ben Henretig, Takeshi Higuchi, Junko Kamata, Roland Kelts, Erin Kissane, Saori Kunihiro, Elle Luna, Ian Lynam, Sean McDonald, Mark Stephens Meadows, Luis Mendo, Gail Musgrave, George Musgrave, Eiko Nagase, Akio Nakamata, Richard Nash, Kay Ohara, Chris Palmieri, Ashley Rawlings, Oliver Reichenstein, Matt Romaine, Jed Schmidt, Chihiro Suda, Bin Sugawara, Robin Sloan, Hiroko Tabuchi, Minori Takayama, Lynne Tillman, Shintaro Uchinuma, Bret Victor, Marcos Weskamp

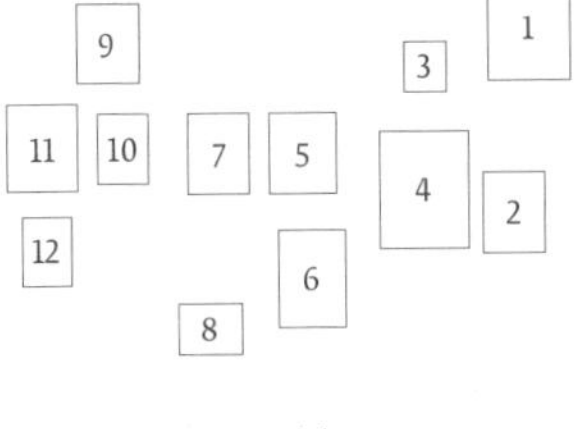

1　蔡倫
2　アルドゥス・マヌティウス
3　富田倫生
4　スティーブ・ジョブズ
5　ヨハネス・グーテンベルク
6　マーシャル・マクルーハン
7　ジェフ・ベゾス
8　オプラ・ウィンフリー
9　マーガレット・C・アンダーソン
10　岩波茂雄
11　ベンジャミン・フランクリン
12　ジュディス・ジョーンズ
13　ブンコ・ニャンコ（文ニャン）

ぼくらの時代《じだい》の本《ほん》

発行日　2014年12月1日　第1刷発行

著　者　クレイグ・モド　Craig Mod

訳　者　樋口武志／大原ケイ　Takeshi Higuchi/Kay Ohara

発行者　鎌田純子　Junko Kamata

発行所　株式会社ボイジャー　Voyager Japan, Inc.

〒150-0001 東京都渋谷区神宮前5-41-14　http://www.voyager.co.jp

TEL 03-5467-7070　FAX 03-5467-7080　infomgr@voyager.co.jp

デザイン　長瀬映子(AQ) ＋ クレイグ・モド　Eiko Nagase(AQ) + Craig Mod

イラスト　ルイス・メンドウ　Luis Mendo

題　　字　國廣沙織　Saori Kunihiro

印刷製本　株式会社丸井工文社　Marui-Kobunsha Corp.

Printed in Japan

ISBN978-4-86239-167-4